Toda una vida loca

Enrique Alberto Kogan

Toda una vida loca

Primera Edición

©2024, Enrique Alberto Kogan

Corrección: Yuniet Blanco Salas
Diseño: Ericarol Carlo

ÍNDICE

DEDICATORIA

A mis padres y abuelos, amigos de la adolescencia, amigos en los Estados Unidos, amigos en República Dominicana y Puerto Rico, amigos en Europa e Israel, a mis primos más queridos y a todos los que apoyaron mis emprendimientos.

NOTAS DEL AUTOR

Sin lugar a duda, estoy predestinado a lograr cosas grandes.

Salí muy joven de Argentina para deambular por el mundo, trabajando donde podía, sin menospreciar ningún empleo.

Les invito a leer esta historia de vida motivadora, impulsora, única y sincera, que describe muy bien la condición de algunos seres humanos, como yo, en su afán de alcanzar metas y levantarse desde cero una y otra vez.

Algunos nombres han sido cambiados para proteger la identidad de dichas personas.

CAPÍTULO

1

Mi infancia

UNA FAMILA POBRE Y OCUPADA

Éramos una de las dos familias más pobres del barrio. Mi madre tenía seis hermanos, todos en una posición económica mejor que la nuestra. En cambio, mi padre era hijo único. Vivíamos en una vieja casa grande, un conventillo que poco a poco se fue vaciando, quedando solo para mis abuelos paternos y nosotros. Yo adoraba a mis abuelos; ellos cuidaban de mí mientras mis padres trabajaban sin descanso.

Cuando llegaban las vacaciones, no solo significaba un descanso para mi hermana y para mí, sino también para mi incansable madre. Sin embargo, en casa se sentía una tensión palpable: mi abuela paterna odiaba a mi madre.

Mi padre, un hombre atractivo de ojos claros y de origen judío askenazí, era campeón de judo. Desde joven volvía locas a las mujeres del club y del barrio. En un torneo, conoció a mi madre, una mujer sefardí judía de gran belleza, y fue amor a primera vista. El romance floreció, desafiando todas las diferencias y expectativas.

Mi abuela se volvió loca.

A mi padre lo venían a buscar en Cadillac convertibles las mujeres judías más lindas de Buenos Aires, y justo se le ocurrió a su hijo enamorarse de una pobre Sefardí que no tenía ni ropa que ponerse.

En esa época, la unión de judíos del norte de Europa con los judíos mediterráneos era algo difícil de aceptar, y las familias se oponían a ello fuertemente. Sin embargo, nada detuvo a mi padre, quien sentía un profundo amor por mi madre. A pesar de esto, no pudo hacer nada ante el resentimiento y rechazo que mi abuela sentía por mi mamá.

Mi abuelo, un bonachón, se mantenía al margen de este drama. Falleció justo cuando tenía 60 años y yo apenas 12. Pienso que los problemas del país fueron los que acabaron con él. Tenía un pequeño taller de confección de ropa de cuero, donde también trabajaban mi padre y mi abuela, y las fluctuaciones de la situación en Argentina lo llevaron a la tumba, lleno de nervios.

Mis padres estuvieron casados y enamorados durante treinta y tres años. Jamás los vi pelear.

MI VIEJO Y YO

Mi padre era un hombre dedicado al deporte; llegó a ser campeón sudamericano de judo. Siempre fue muy activo, disfrutaba correr y mantenerse en forma, aunque con el tiempo dejó de cuidarse tanto.

Uno de sus grandes problemas era su adicción al trabajo. Tenía un taller en nuestra antigua casa donde trabajaba sin descanso. Comenzaba a las seis de la mañana y no paraba hasta altas horas de la noche, todos los días, incluso los domingos si tenía entregas pendientes.

En el taller, mi abuela se encargaba de cortar y hacer los agujeros para los botones de las prendas. Mi madre también ayudaba y yo solía hacer las entregas, ya fuera en taxi o con nuestro auto, mientras mi papá se ocupaba de manejar y coordinarlo todo. Debido a esta rutina, él no tenía mucho tiempo para dedicarme cuando era niño.

Desde pequeño, siempre fui muy inquieto y peleaba con todos en la escuela. Cuando mi papá llegaba a casa, ya tenía el cinturón preparado para perseguirme y mantenerme a raya. O al menos intentarlo. Era un buen padre, pero no era el tipo de papá comunicativo. No tenía tiempo para sentarse a conversar conmigo o con mi hermana.

El único momento en que realmente nos dedicaba tiempo era durante las vacaciones en Mar del Plata. Para mí, ese rincón playero era la joya de la corona, el lugar donde veía el mar y donde mi papá se desconectaba de todo. En esa época, la gente se tomaba todo un mes de vacaciones y no quería saber nada de trabajo.

Recuerdo una vez que discutí con mis padres porque quería ir a la Plaza Martín, una hermosa plaza en Buenos Aires. Insistí tanto que mi papá me persiguió, otra vez, por toda la casa con el cinturón. Sin embargo, mi mamá logró convencerlo y finalmente fuimos. Ese día quedó grabado en mi memoria como un raro momento en que mi papá accedió a hacer algo fuera de su rutina habitual.

Quien me brindaba más atención era mi abuela. Al principio de mis años escolares solía llevarme a la escuela; no recuerdo que mi papá lo hiciera alguna vez. Desde los 13 años, me volví bastante autosuficiente, y mi padre no me ponía trabas, simplemente me dejaba hacer lo que quería. En ese sentido, esa falta de control me ayudó a ser independiente y a aprender a desenvolverme por mi cuenta.

Durante las temporadas difíciles en Argentina, cuando la venta de nuestras camperas de cuero no iba bien, mi mamá solía trabajar en otros negocios donde era muy buena vendedora, mientras que mi papá buscaba otras formas de generar ingresos.

Recuerdo una época especialmente difícil cuando mi papá empezó a trabajar con un amigo que tenía una fábrica de muebles. Lo nombraron gerente, pero eso implicaba que estaba ocupado todo el día, de lunes a domingo, y apenas lo veía. Siempre llegaba a casa exhausto y cansado.

Nuestra relación nunca fue muy afectuosa. Nunca escuché un "te quiero" de sus labios, aunque le doy el beneficio de la duda, quizás eso no era común en aquella época. A pesar de todo, no puedo decir que no me haya criado bien. Su enfoque en el trabajo me enseñó la importancia de la libertad financiera.

Yo a veces tomaba prestado su auto sin que se diera cuenta. Una vez, cuando tenía alrededor de 16 años, tomé su Ford Falcon y en una bajada en el centro de Buenos Aires, lo chocaron. Regresé temprano por la mañana con el auto remolcado.

En esa ocasión, no pude enfrentarlo y me escondí. Después, cuando me encontró, lo vi más enfadado que nunca. Mi padre me persiguió, no solo por toda la casa, sino por toda la cuadra, gritando: "¡Te mato! ¡Te mato!" Luego le conté la verdad sobre lo sucedido, pero el auto quedó bastante dañado. Era un Ford Falcon muy querido, ya que cuidaba mucho sus autos.

Mi padre era un hombre responsable y no era de beber ni fumar mucho, aunque en ocasiones prendía un cigarrillo. Recuerdo verlo tomar vino con soda a veces, especialmente cuando comía mucha carne argentina, pero nunca lo vi embriagarse con whisky o cerveza. Era bastante moderado en ese aspecto. A pesar de que éramos una familia de recursos limitados, él trabajaba arduamente para sostenernos. Siempre estuvo muy unido a mi abuela, a quien quería mucho.

Hubo un momento en que lamentó no haber aprovechado la oportunidad de irse a Nueva York, pero decidió quedarse para cuidar de sus padres, algo que respeto profundamente.

A los 12 años tuve una experiencia increíble gracias a él, a pesar de nuestras limitaciones económicas: nos llevó a un restaurante. Ese momento fue inolvidable y aun lo recuerdo con esa sensación de asombro de vivir algo inusual. Es por esto por lo que reconozco que, a pesar de todo, mi padre era un hombre bondadoso y trabajador que se esforzaba por mantener a su familia.

A los 14 años me tocó estudiar en el industrial San Martín. Era una escuela muy completa, aunque los profesores eran bastante estrictos. Hoy les agradezco a ellos haberme ayudado a adquirir una cultura general bastante amplia.

A cada tanto me "rateaba". Así le llamábamos cuando les decíamos a nuestros padres que íbamos a la escuela, pero en realidad nos desviábamos a otro lugar.

Una vez me fui con un compañero a la playa de Olivos y nos metimos al agua en ropa interior. Al salir, nos habían robado todo, dejándonos solo con lo puesto. Fue un momento de desesperación, ya que no sabíamos qué hacer y no había ningún lugar cerca para pedir ayuda.

Finalmente, empezamos a caminar, a sabiendas de que nos miraban como si estuviéramos locos, hasta que llegamos a un restaurante donde imploré que me dejaran llamar a mi padre. Nos permitieron hacerlo. Cuando le conté a mi papá lo que había sucedido, me dijo que volviera caminando así, con poca ropa: "por boludo". Lloré, y al final aceptó venir a buscarnos.

De mi viejo aprendí a ser un caballero. Él nunca dejó que mi madre caminara del lado de la calle. Era muy conocido en el barrio; cada vez que salía a la calle, todos lo saludaban.

En una ocasión, llamaron a mi casa diciendo que éramos los afortunados ganadores para participar en un concurso del programa de televisión "Sábados Circulares".

Yo era muy chico y apenas me acuerdo bien, pero sé que mi viejo llegó a la final donde había que girar una rueda para ganarse un televisor, que en esa época era como ganar un auto.

Eran cuatro finalistas y ya dos habían girado la rueda, ganando solo unas cajas de jabones Federal, que eran los patrocinadores. Llegó el turno de mi padre, pero como después de él había una mujer muy bella, mi viejo dijo: "Perdón, no puedo hacerlo antes que esta bella dama", y el locutor dijo: "¡Aplausos para este caballero que da su mejor oportunidad a la dama!" La gente aplaudió ante este gesto.

La mujer giró la rueda y ganó la TV. Luego le dio un beso a mi padre y gritó desenfrenada. Después fue el turno de mi padre, giró la rueda y no ganó nada. La gente aplaudió y aplaudió hasta que el locutor dijo: "El patrocinador acaba de otorgar veinte cajas de cien jabones cada una, al querido Tito" (el sobrenombre de mi padre, que se llamaba Salomón).

Y ahí tuvimos que llamar a un taxi para llevar las veinte cajas de jabones, incluso algunas en el techo. Cuando llegamos a casa, tarde en la noche, mi vieja y mis abuelos estaban en la puerta esperando. Mi mamá le dijo a mi papá: "¡Pero boludo, ¿cómo pudiste perder ese televisor?"

Tuvimos que regalar los jabones a todo el barrio.

Cuando mi padre me vino a visitar a Miami en el 1984, tuvimos varias discusiones. Le había enviado los pasajes de avión, pero él no quería viajar. Sin embargo, mamá sí quería, así que finalmente vinieron, aunque siempre estábamos peleando por algo. La única vez que lo vi llorar fue cuando me fui de Argentina siendo muy joven: al subir las escaleras del aeropuerto para embarcar, me giré a observar y lo vi con lágrimas en los ojos, eso fue en el 1981.

Un 9 de junio del 1985, estando ya en Miami, recibí una llamada de mi madre quien me puso al teléfono con mi padre (hablaba poco con él), y me dijo que la inundación que había afectado a Buenos Aires había arrasado con el taller y destruido todo. "Ya no queda nada", me dijo muy apenado. Le dije que trataría de mandarle algo de dinero. "Gracias", me contestó escueto. Corrí a enviarle el dinero. En ese momento, apenas tenía algo, pero envié de lo poco que tenía.

MIS ABUELOS EN UN BARCO AL SUR

Mi abuela paterna nació en una pequeña ciudad de Lituania. Perdió a su padre cuando era muy joven. Su madre, mi bisabuela, se casó de nuevo con un hombre que no la quería mucho. Cuando mi abuela tenía 17 años, mi abuelo le propuso matrimonio para que pudiera salir de su casa. Ella aceptó. Mi abuelo era muy izquierdista. Era una época en la que el comunismo estaba en boga.

Por alguna razón, ya casados, mi abuelo decidió que era hora de un cambio.

Había dos barcos listos para partir: uno hacia Sudamérica y otro hacia Norteamérica. Mi abuela se despidió de su familia y se preparó para embarcar. Ella pensaba que iban a Estados Unidos, pero mi abuelo le dijo: "Ni loco. Nos vamos a Argentina". Y así llegaron a ese país. Los tíos que optaron por ir a Estados Unidos tuvieron una vida muy diferente. Esa es otra historia larga, pero siempre se portaron bien con mi abuela, enviándole algo de dinero en su cumpleaños. Eran millonarios.

Mi abuelo, en cambio, inició su trayectoria migratoria siendo muy pobre y terminó sus días en la misma condición.

Cuando yo tenía 12 años, a mi abuelo le dio alta presión por los nervios y falleció. Lo mismo le sucedió a mi papá muchos años más tarde, quien murió a una edad muy temprana: sólo tenía 54 años. Pasó mientras corría con mi mamá en los Bosques de Palermo. Era temprano y mi papá, muy nervioso por todos los eventos ocurridos en el país, se desplomó debido a la alta presión. No había nadie alrededor. Una hora y media después, alguien llegó y lo llevaron al hospital, pero ya había pasado a mejor vida.

Me enteré al día siguiente.

La única diferencia entre ambos es que mi abuelo estuvo postrado en cama seis meses casi sin reconocer a nadie antes de fallecer.

Si pienso en mis abuelos paternos, solo una frase viene a mi cabeza: "trabajaban duro, como obreros."

Después de la pérdida de mi abuelo, en una de nuestras visitas a Mar del Plata y en la que mi papá no pudo ir con nosotros por motivos de trabajo, la tensión entre mi abuela y mi mamá, al encontrarse solas, era más que palpable.

En esa ocasión, mi mamá no soportó la forma en que mi abuela la trataba y decidió rebelarse. En una de sus peleas, mi abuela empezó a gritar desde el balcón que mi mamá quería hacerle daño.

Finalmente, llamaron a un médico y se la llevaron, teniendo que suministrarle pastillas. El galeno confirmó que era a causa del duelo.

Años más tarde, con mi abuelo y mi papá ya fallecidos, mi abuela y mi mamá se vieron obligadas a mudarse juntas. Era una situación insostenible para ambas. Entonces le dije a mi mamá que le iba a comprar un departamento. Recuerdo que le di cinco mil dólares. No sé si por suerte o por desgracia, en el mismo edificio había un departamento pequeño de dos habitaciones que mi papá había comprado cuando ganó dinero.

Así que pusimos a mi abuela y a mi mamá en pisos separados. Sin embargo, eso no solucionó sus diferencias. Cuando se encontraban en los alrededores, no se miraban ni se hablaban. Mi mamá podía pasar un mes sin saber nada de mi abuela y si a la anciana le pasaba algo, nadie se enteraba.

Mi abuela, ya instalada en su departamento, tenía dos gatos que le hacían compañía: la Morocha y la Menina. Después me enteré de que mi mamá, en un acto de odio, abandonó a los gatos en un parque cuando ya tenían unos quince años. Hasta los pobres gatos sufrieron las disputas entre esas dos mujeres.

Una vez, cuando yo había perdido todo en Miami y no sabía qué hacer, mi abuela, con 82 años, me sorprendió. Había ahorrado ocho mil dólares y me los mandó para ayudarme con mis problemas financieros. No podía creerlo; fue un gesto enorme.

Siempre recuerdo cómo ella me enseñó a cocinar, entre otras muchas cosas.

Se casó con mi abuelo, un hombre al que quizás no amaba, y siento que llevó una vida que no había elegido. Recuerdo especialmente sus ojos celestes. De joven, fue una mujer preciosa.

Yo, por supuesto, iba muy seguido a verla. Ella siempre me contaba historias y me mostraba las joyas que se había traído de Lituania, las cuales desaparecieron misteriosamente cuando ella murió. Un día, tuvo un problema estomacal, la internaron, la operaron incorrectamente y falleció. Mi mamá nunca quiso contarme los detalles exactos. No sé con certeza cuál fue la causa de la muerte de mi abuela. Este es uno de esos hechos que siempre quedarán en el aire, sin ser completamente revelados.

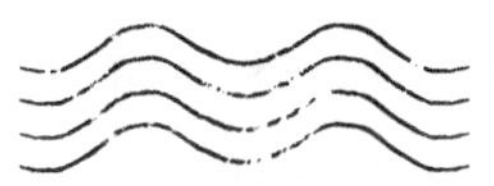

MI TÍA ROSA, LA REVOLTOSA

Dentro de todas las tías que he tenido, siempre me acuerdo de Rosa, la más querida y alocada de la familia. Era una mujer distinta a las demás, adelantada a su tiempo, liberal y divertida, por lo que muchos en la familia pensaban que le faltaba un tornillo. Cuando era chico, ella venía a buscarme para pasear. Nunca olvidaré que el mejor regalo de mi infancia me lo hizo ella, ya que mis padres no podían comprarme ni un regalo, debido a los pobres que éramos.

Bajita y de cara muy bonita, de chica fue la más revoltosa de los siete hermanos. De grande no cambió. Según me contaron, la tía Rosa tuvo varios novios, pero sus locuras, en épocas de tradiciones tan estrictas, la alejaban de buenos candidatos.

A los 39 años se cansó de Argentina y decidió pedir la residencia e irse a Israel. Me acuerdo como si fuera hoy: yo tenía 7 años cuando fuimos a acompañarla al barco que llevaba nuevos inmigrantes de Argentina, Uruguay y Brasil hacia Israel. Lloré mucho ese día. La extrañé mucho.

Ella regresó varios años después para el casamiento de una de mis primas que se casaba con un abogado que le llevaba como quince años. Toda la familia estaba en contra, excepto mi padre, quien terminó siendo buen amigo de él. Mi prima tuvo dos hijos y una vida maravillosa con su marido, un hombre que la trató como una reina.

El casamiento fue en el verano y mi tía aprovechó para tomarse unas vacaciones. Mis padres alquilaron una casa en Miramar. Como éramos muchos, algunos nos tiramos a dormir en el piso de la sala y ella se durmió allí mismo en un sillón. Esa noche, Rosa cocinó un guiso de porotos (frijoles) y se dio tremendo atracón. La comida le había dado mucha sed y se levantaba a cada rato para ir a la cocina y tomar agua. Tenía puesta solo su ropa interior; no le importaba mucho lo que los demás pensaran de ella. Era gorda, por lo que cuando pasaba entre nosotros, me hacía recordar a una de esas películas de Fellini. Alrededor de las cuatro de la madrugada, se levantó de nuevo y soltó un gas que se escuchó hasta la esquina, despertándonos a todos. Sin embargo, el problema no fue el ruido, sino el olor que dejó, el cual hizo que todos corriéramos hacia afuera. Ella exclamó muerta de risa: "Los cagué a todos". Mi tía era así y la quería tal cual era.

Vivió hasta los 93 años. Continuamente peleaba con su marido, Zenón, un buen tipo que también tenía un tornillo flojo como ella. Eran dos seres incompatibles, y a la vez compatibles. Un día, mientras los visitaba en Israel, me quedé a dormir en su casa. Me volvieron loco con sus gritos y me fui a dormir al parque de Arad. Definitivamente, un lugar más tranquilo.

En el 1985, mi tía Rosa y su hija, que ya tenía unos 18 años, vinieron a visitarme a Miami y se quedaron en mi casa. La pasé bárbaro con ellas.

Un día preparé un almuerzo especial, ya que a Rosa le quedaban pocos días para irse, y quería agasajarla con una buena cena y que conociera a todos mis amigos.

Ya sentados en la mesa, uno de ellos contaba sobre las diligencias que hacía para los turistas y todas las cosas que conseguía, cuando mi tía lo interrumpió preguntándole: "¿No me podés traer un consolador grande? Porque mi marido no me la pone desde hace diez años".

Mi tía Rosa siempre fue una
mujer muy espontánea y
directa; si algo no le gustaba,
lo decía sin importar las
consecuencias. En eso me
parezco mucho a ella.

Fui varias veces a Israel a verla. De todas esas visitas, creo que la que más le gustó fue cuando le caí de sorpresa un día antes de que su hija se casara. Se puso como loca de contenta al verme. Recuerdo que para la ocasión me había comprado un caro traje italiano, sin saber que la fiesta era informal. ¡Me sentí ridículo con ese traje caro entre gente vestida de forma desenfadada!

La última vez que la visité, hace unos años atrás, ella ya estaba en un asilo de ancianos y tenía 93 años. Le pedí a mi prima que no le dijera, y le volví a caer de sorpresa. Cuando me vio, se quedó mirándome fijamente por un rato y me susurró: "Sos Enrique, ¿no?"

"Sí", respondí emocionado. Se puso a llorar como una niña. Mi prima me comentó que Rosa siempre le decía que yo era como el hijo varón que nunca tuvo.

Durante las etapas en que no me entendía con mi madre (que fueron muchas), llamaba a mi tía Rosa a Israel para hablar con ella. Era mi gran punto de apoyo en medio de todos esos momentos desagradables que tuve. Luego de conversar con ella, siempre me sentía bien. Tenía el poder de tranquilizarme.

Ella no se llevaba bien con todos mis primos. Mi hermana siempre la ignoró. Sin embargo, para mí, siempre fue mi gran tía Rosa, mi segunda madre, con o sin el tornillo puesto.

HIJO ÚNICO

Tengo una hermana con la que ya no hablo. Es una historia con más bajas que altas que dieron como resultado final una relación inexistente. No creo haber tenido siempre la razón en lo que nos sucedía, por lo que procederé solamente a contar mi versión de la historia.

Desde pequeños, no conectábamos; íbamos a diferentes escuelas y ni siquiera salíamos juntos con nuestra mamá. Era ese tipo de hermana con la que no parecía que tuviera una relación fraternal. Nunca jugamos juntos ni nos llevamos bien, a pesar de tener solo un año de diferencia.

Recuerdo que cuando éramos adolescentes, yo tenía mis amigos y ella los suyos. Una vez, traté de presentarle a uno de mis amigos a su amiga, pero ella me cerró la puerta en la cara. Siempre buscó un ambiente más elitista, mientras que mis amigos y yo éramos más bien gente sencilla, pero buena.

Cuando me fui de Argentina, a ella no pareció importarle. No nos escribimos ni hablamos por teléfono durante mi estadía en Europa. Nunca me agradeció por los gestos de consideración que tuve hacia ella. Como, por ejemplo, en una ocasión, en la cual ella no estaba muy bien económicamente, le ofrecí una extensión de mi tarjeta de crédito con una suma fija para que gastara.

En el 1984, me ofrecí a llevarla a Miami (lo cual enojó a quien era mi esposa en aquel entonces). Al llegar, hicimos una cena en su honor. Mi hermana hizo algunos comentarios despectivos hacia mi esposa y se armó un conflicto muy serio. A pesar de este revés durante la cena, permaneció en mi casa por todo un mes, hasta que, molesta, se regresó a Argentina.

Volvió un par de veces más y siempre se quedaba en mi casa. Nunca permití que se hospedara en un hotel. En general, solía quedarse largas temporadas bajo mi techo.

Hasta que, en una ocasión, en la que yo estaba organizando mi tercer festival anual de autos deportivos y exóticos, llamado "Exotic and Sports Car Show", mi hermana, al ver el éxito de mis eventos, me pidió invertir en la actividad. Le respondí que sí y le predije que obtendría de vuelta el doble de su inversión.

Cuando llegó el día del evento, un huracán lo arruinó todo. Cancelaron el estacionamiento y la asistencia fue mínima debido a la tormenta. A pesar de eso, realicé el show y solo logré recaudar veinticuatro mil dólares, por lo que inversión de mi hermana no pudo duplicarse. El esposo de mi hermana se enojó y exigió el dinero de vuelta.

Les expliqué que el clima había afectado severamente mis finanzas y que necesitaba dinero para pagar el alquiler, las facturas y la impresión de una revista en Puerto Rico. Después de esa discusión, estuvimos quince años sin hablarnos.

Recuerdo que un día, para el cumpleaños número setenta de mi madre, quise hacer una gran fiesta en Buenos Aires en un lugar hermoso. Le prometí que invitaría a mi hermana, a pesar de que no nos hablábamos desde el fiasco del auto show. Mi madre me pidió que me reconciliara con ella, rogando que no quería morirse sin que arreglásemos nuestras diferencias. Mi hermana y yo acordamos tomar un café en Buenos Aires y volvimos a hablarnos.

Después de eso, ella decidió mudarse a Panamá, donde el esposo y sus hermanos tenían negocios con socios que nunca conocí. Construyeron dos edificios y compraron un departamento de cinco habitaciones en Punta Paitilla, Ciudad de Panamá.

Algún tiempo después, mi madre propuso que fuéramos a Panamá, acepté y nos encontramos allí. Mi hermana no me invitó a quedarme en su casa, así que me hospedé en un hotel cercano por cien dólares la noche. Durante esta visita, mi hermana hizo preguntas y comentarios negativos sobre mis negocios automotrices y propiedades en República Dominicana, lo cual me incomodó.

Después de la muerte de nuestra madre, pensé que las cosas estarían bien entre nosotros. Sin embargo, mi hermana comenzó nuevamente a interferir, queriendo controlar mis actividades financieras.

Todo se deterioró y hasta el día de hoy no nos comunicamos. Solo me queda el amargo sabor de una relación fallida. Siento que siempre que pudo, trató de sacar provecho de mí. Todos los amigos de primer nivel que le presenté en Miami ahora son cercanos a ella, y, sin embargo, todos me evitan. Creo que les dice que no tengo dinero y que soy una mala persona.

Si me preguntan, digo que soy hijo único. Siento que desde que nuestra madre falleció, nuestra relación se acabó para siempre. La verdad es que nunca se comportó como una hermana y es muy probable que nunca lo haga. Así que ya he decidido que debo olvidarla.

LA VIDA ES UNA FIESTA

En el año 2016, luego de la boda de una de mis sobrinas en Panamá, mi hermana me llamó para decirme que mamá estaba mal, y que la habían internado en un sanatorio porque sospechaban que tenía un problema estomacal grave.

Al día siguiente, mi hermana me llamó de nuevo para que fuera urgente a Buenos Aires porque descubrieron que mamá tenía cáncer de páncreas. Fue un golpe muy duro para mí, porque mi mamá, a pesar de sus 83 años, estaba llena de vida. De repente, estaba desahuciada y los médicos le daban apenas de quince a veinte días de vida.

Cuando fui a verla, aún estaba lúcida. Nadie le había dicho la gravedad de su condición y tuve la oportunidad de hablar con ella. Con los días, ya no podía comunicarse y se puso cada vez más amarilla por el avance del cáncer. Ella quería irse a casa, así que organicé todo para sacarla del hospital.

Yo me quedé a su lado todo el tiempo, intentando darle de comer, pero tampoco quería ingerir alimentos. En un momento en el que mi hermana y yo estábamos con ella junto a su cama, mamá agarró nuestras manos, nos miró a cada uno, nos soltó y luego cerró los ojos.

Esa noche, alrededor de las 5:00 de la mañana, sentí algo extraño, pero seguí durmiendo. Una hora y media más tarde, cuando desperté, mamá ya había fallecido.

Ella había pedido específicamente no ser enterrada y quería que sus cenizas fueran esparcidas en Mar del Plata, un lugar que amaba. Ese fue su último deseo.

Para mí, ella fue una buena madre. Aunque tuvimos nuestras peleas normales, siempre la recuerdo como una mujer alegre y optimista. Excepto la relación tóxica que mantenía con mi abuela, vivía su vida sin malicia ni juicios hacia nadie. Era una mujer que disfrutaba plenamente y siempre fue feliz en su propio mundo. Tenía un lema que quería ver inscrito en Mar del Plata: "La vida es una fiesta".

Y así fue su vida, una celebración, a pesar de los momentos difíciles que vivimos.

CAPÍTULO

11

Mi juventud

EL GUSTO DEFINIDO

¿Por qué tengo el gusto tan definido sobre el tipo de mujer que me gusta? A todos, o a casi todos, les ha llegado el amor de su vida en algún momento. Yo también pensaba así cada vez que conocía a la que parecía ser la mujer de mis sueños. Para muchos, es una Marilyn Monroe; para mí, es una Catherine Zeta-Jones millonaria. El gusto lo definí desde muy joven.

Desde chico, estaba correteando chicas. Esa parte de mi infancia fue muy revoltosa. De día iba a la escuela primaria en la calle Camargo en Villa Crespo y por la tarde al Bialik, una escuela judía a la que me llevaba mi abuelo.

La verdad es que lo único que me gustaba del Bialik era ir con todos los grupos a Chapadmalal, que quedaba de camino entre Mar del Plata y Miramar. Me encantaba tener esos quince días extras de vacaciones, además del mes en Mar del Plata con mis viejos y mi hermana.

Cuando cumplí unos 8 años, mi pasión por las mujeres fue creciendo tanto que un día el director mandó a llamar a mi madre. Ella llegó al colegio sin saber por qué la habían convocado.

Se sentó conmigo y el director. Este le comentó, sin andarse por las ramas: "Creo que tiene que llevar a su hijo a un psicólogo, porque ya no le queda culo por tocar de sus compañeras".

Mi madre, avergonzada, me sacó de allí halándome de las orejas. Desde que llegamos a nuestro hogar le contó a mi viejo, quien por milésima vez me castigó corriendo detrás de mí por toda la casa para pegarme con el cinturón.

Por un tiempo estuve calmado,
yo diría que, hasta los 12 años,
cuando mis gustos se
afianzaron.

Y allí estaba, en la esquina del Bialik, esa morocha de ojos azules. Solo me atrevía a pararme en esa esquina y mirarla. Ella conversaba con sus amigos, esperando a que sus padres la recogieran. Cuando vi que la buscaban en un auto de lujo nuevo, pensé que conquistarla sería imposible.

En esa época, los judíos ricos no se mezclaban con los judíos de clase media baja, como lo éramos nosotros. Aun así, un día me acerqué y le pregunté cómo se llamaba y dónde vivía. Alcanzó a decirme el nombre de una esquina cerca de ahí, por la cual habré pasado como cien veces, pero nunca la había visto. Era hermosa. Una Catherine Zeta-Jones con ojos azules.

Un día de primavera, a mis 13 años, me fui con un amigo al Rosedal de Buenos Aires, donde se juntaban los jóvenes. Estuve casi todo el día buscando a alguien que encajara con lo que yo llamaba "mi gusto definido": cara linda, pelo negro largo, ojos soñadores. Hasta que al atardecer, vi subir a una chica con esas características a un autobús escolar. Corrí hacia ella. El vehículo comenzó a moverse, ella sacó la cabeza por la ventanilla y me saludó (era preciosa).

Le grité: "¿Cómo te llamas? ¡Dame tu número!"
Ella vociferó su nombre: "¡Claudia!"

Me dijo que era de Avellaneda, me dio un número de teléfono del cual solo pude captar cinco cifras porque el autobús ya se iba y no pude alcanzarlo.

En esa época, el teléfono era medido. Yo, ilusionado, traté con todas las combinaciones posibles. No hubo forma. No pude dar con ella. Cuando la cuenta del teléfono le llegó a mi viejo, sucedió lo de siempre: cinturón y corredera por toda la casa.

A los 14 años me fui de vacaciones con mi vieja, mi abuela y mi hermana a Mar del Plata. Me acuerdo de ese año muy bien porque a mi querida tía Victoria se le ocurrió cocinar un pulpo que compró en el puerto. El olor fue tan horrible que nunca se me ha dado por cocinar pulpo en mi casa.

Ese año, mi vieja rentó en el área de La Perla. Mi viejo se quedó trabajando y solo venía los fines de semana. Allí había un parque donde me gustaba andar en bicicleta. Un día, enfrente del parque, fui a un quiosco a comprar un helado. Y ahí estaba ella. La vi y me quedé fascinado. Otra niña al estilo de Catherine Zeta-Jones. Su papá atendía el quiosco. Era una criatura fascinante.

Luego de unas trescientas veces de ir con la excusa de comprar cualquier cosa, finalmente me atendió ella y no su papá. Le pregunté su nombre. Se llamaba Adriana. Le pedí si quería andar en bicicleta conmigo un rato y me dijo que no la dejaban. Aun así, seguí yendo y hablando con ella. Creo que fue mi primer amor, aunque nunca pude darle un beso.

Antes de regresar a Buenos Aires, me la jugué. Fui al quiosco y le dije al padre, mientras ella nos miraba: "¿Me permite sacar a su hija a dar una vuelta por el parque?" Me dijo que sí, "pero solo unos minutos". Ese tiempo fue glorioso. Caminamos y hablamos. Al final, quedamos en vernos el próximo año.

A propósito de esas y muchas otras vacaciones en Mar de Plata, cada vez que nos íbamos de vuelta a Buenos Aires, aun siendo pequeñito, me entraba una nostalgia y una pena enormes que hasta podrían llegar a definirse como depresión. Insistía tanto en el carro que nos devolviéramos que la única manera que mi padre encontraba para callarme era, por supuesto, pegarme con la correa o darme de chancletazos. Me ponía bien pesado, tanto que desesperaba al viejo.

Mar del Plata era mi paraíso.

De vuelta a la chica…

Ese verano, cuando volví a Buenos Aires, le escribí muchísimas cartas y ella me contestaba una de cada tres. Me decía que a su padre no le gustaba que hablara con muchachos.

Al año siguiente, llegué a Mar del Plata, ya solo y con un amigo. Lo primero que hice fue correr hasta donde vivía Adriana. Llegué y no estaba el quiosco, en su lugar había una panadería. Entré y pregunté por ella. La mujer me dijo que al padre le habían ofrecido un trabajo en el sur y se habían mudado. Le pregunté dónde, pero no sabía. Mi tristeza fue muy grande.

Cada año regresaba, pero nunca más la volví a ver.

En el 2016, cuando estuve en Mar de Plata para cumplir la última voluntad de mi madre de esparcir allí sus cenizas, me dirigí nuevamente a donde estaba la panadería. Ya ni eso quedaba. Pregunté si conocían a alguna Adriana, claro que ya estaría mayor, pero solo quería verla, y no, nunca más supe de ella.

En mis años de juventud siempre me acordaba de esas dos muchachas: Claudia de Avellaneda y Adriana de Mar del Plata… y de otras que conocí en mi adolescencia.

A casi todas les escribía poemas.

Durante mi vida, a pesar de mi gusto tan definido, tuve novias rubias e incluso mi segunda esposa era rubia y muy linda, pero no había caso, esas imágenes de las morochas de mi niñez me dejaron marcado.

Sin embargo, la historia de mi gusto era tan especial que, luego de leer el libro sobre la regresión a vidas pasadas de Brian Weiss, Muchas vidas, muchos maestros, decidí que ya era hora de saber por qué tenía un gusto tan definido.

Así que me hice una regresión a otra vida, algo que, no recomiendo, pero que me dio la respuesta de por qué tengo un gusto de mujer tan marcado. Más adelante, en este libro, te cuento sobre mi regresión y la respuesta que obtuve.

MISTER PARLA EN RÍO DE JANEIRO

Sentado en mi balcón, con mi mate y mi gata al lado, disfrutando del silencio de la calle, me hundía en los acordes de la Bossa Nova. Siempre he sentido una afinidad especial por la música brasileña, por su delicadeza y alegría, tan distinta al tango argentino que evoca tristeza y dolor.

En una conversación con alguien versado en música y cultura, escuché una interesante observación: el argentino tiende al pesimismo, mientras que el brasileño es más optimista, una característica que se refleja en su música.

Recuerdo a los 17 años, en plena época de dictadura militar en Argentina, cuando un amigo de 18 años y sus primos, de 18 y 19 años, respectivamente, me propusieron un viaje a Río de Janeiro en un autobús que cubría el trayecto desde Buenos Aires en dos días. Afortunadamente, mi padre siempre me concedió libertad para explorar el mundo. Incluso desde los 14 años ya disfrutaba de viajes solitarios durante mis vacaciones. Así que no dudé en aceptar la invitación y embarcarme rumbo a Brasil con mis amigos.

En aquellos años oscuros de la Argentina, los militares imponían su prohibición sobre casi todo. Incluso en el ámbito del entretenimiento, su mano se hacía sentir censurando desnudos.

Me acuerdo que en la película de Marlon Brando, "El último tango en París", en una escena, él le preguntó a la francesa que había conocido si podían tener sexo anal. Ella accedió. Claro, no se mostraba nada, pero la frase había sido un morbo excitante en ese momento, tanto que mucha gente iba a ver la película varias veces. A ese nivel de desasosiego nos tenían los militares.

Era tanta la prohibición, que las mujeres tenían vedado usar tangas en la playa, y el hombre más mencionado en las noticias, era el que recortaba o censuraba las películas que podíamos ver. Le daba un tijerazo a todo.

El viaje a Río de Janeiro resultó ser agotador. El autobús, incómodo y carente de aire acondicionado, nos obligaba a abrir las ventanillas. Y en ese recorrido, a través de una selva subtropical, los insectos se dieron un festín con nosotros. Cuando llegamos, teníamos el culo como si nos hubieran dado unos azotes. Hasta el día de hoy no me olvido de esa travesía infernal.

Al llegar al hotel en la calle Barata Ribeiro, a solo una cuadra de Copacabana, ninguno de nosotros pensó en descansar. En cuestión de segundos, dejamos nuestras pertenencias, nos cambiamos por ropa de playa y nos preparamos para salir a apreciar los atributos de las brasileñas.

Al llegar, nos quedamos asombrados por las maravillas que descubrimos. Era evidente la razón por la que esta ciudad es considerada una de las más hermosas del mundo. Estábamos en Brasil, sin censuras y rodeados de la belleza de las playas y sus tangas. Los primos de mi amigo se detuvieron y simplemente dijeron: "Aquí nos quedamos". Y así fue, nunca volvieron. Se establecieron, formaron sus familias y construyeron sus vidas en Río.

En ese entonces, a mí me llamaban "Mr. Parla", porque siempre era el primero que encaraba una conversación. Además, yo había estudiado un poco de portugués en la escuela y me acerqué para hablar con dos muchachas que vimos, aunque mi dominio del idioma y mi marcada acento argentino dejaban mucho que desear.

"Bom dia, como você está se sentindo?", pregunté.
Una de las chicas me miró y respondió con un simple "tudo bem".
Decidí seguir la conversación y pregunté: "O que vocês estão fazendo, meninas?"
Su respuesta no se hizo esperar: "Boludo, ¿no te das cuenta de que estoy tomando sol?"

Fue una situación curiosa; veníamos a buscar brasileñas y nos topamos justo con dos argentinas en medio de un mar de mujeres cariocas. Estaban de vacaciones al igual que nosotros.

Mi amigo y yo, tuvimos nuestros días de romance con las compatriotas, hasta que llegó el momento del final. La chica, que me acuerdo de su nombre, pero me reservo en mencionarlo, accedió finalmente en su último día a subir a mi habitación. Y creo que fue uno de esos momentos en que uno está iluminado y le sale todo bien. Fue un episodio inolvidable. Se daba todo: Copacabana, playa, linda mujer, bronceados, amor. Al otro día la acompañé hasta la parada del bus y quedamos en vernos. Ella era de Mar del Plata, pero estudiaba en Buenos Aires.

Por supuesto, volví a la playa, para seguir hurgando entre las beldades de Copacabana. En esa época, el argentino era el objeto de deseo de la mujer carioca. Opino que el hombre brasilero de entonces era muy tosco y llegaban los argentinos, caballerosos y cultos, y ahí las teníamos en bandeja. En los días que nos faltaban para regresar, nos dimos un banquete.

Recuerdo que unos años más tarde, la televisión carioca sacaba un comercial de un brasilero con buen cuerpo en la playa y un argentino panzón. El anuncio decía: "¿Para qué buscas afuera si aquí lo tienes mejor?" El gobierno brasilero estaba preocupado por la cantidad de mujeres que se estaban casando con argentinos.

Mi teoría al respecto es que el hombre argentino de aquellos tiempos era más educado, más preparado y eso atraía a las mujeres brasileñas

Hoy en día, todo eso ha cambiado. La mujer carioca ya no confía tanto en nosotros. A finales de los años 90, si la memoria no me falla, las brasileras se dieron cuenta de que los argentinos solo buscaban divertirse, pasar el rato y ya la historia es otra.

Sin embargo, mi gusto por la mujer caribeña o brasilera no ha cambiado. Mi última novia fue brasilera. Es un amor. Estuvimos seis años juntos y sigue siendo mi amiga. Hoy está felizmente casada, y sigue tan hermosa como lo era entonces de joven. Las circunstancias de la vida, con mis negocios y despilfarros, la alejó de mi vida. No fue la única.

A la Marplatense que conocí en Río, la volví a ver. Tratamos de lograr lo mismo que aquel día, pero no se pudo. Era otro aire, otros tiempos y otras circunstancias. La ciudad de Río era mágica en esa época. Buenos Aires, no. Después de eso, no volvimos a vernos.

CUANDO DIJE "ADIÓS, PAMPA MÍA" Y ME FUI DE LA ARGENTINA

En los tumultuosos años 70 en Argentina, el espectro de la guerrilla comunista acechaba, pero la mano fuerte de los militares impedía que el país cayera en las garras de dicha ideología. Vivíamos tiempos violentos, donde cada salida era una apuesta con la policía, arriesgándote a recibir unos cuantos golpes antes de ser liberado.

Estábamos en la era del pelo largo y de una inflación que alcanzaba el cien por ciento cada mes. Recuerdo aquel día en que un profesor de química de la secundaria, mientras caminábamos juntos, me pintó un futuro sombrío para Argentina. Hablaba de un país secuestrado por los gremios, los militares y los guerrilleros, y sentenciaba que nunca saldríamos adelante. Aquel hombre tenía visión.

Intrigado, lo seguí escuchando, mientras me contaba sobre una oferta laboral en Venezuela. Me aseguraba que era uno de los países más ricos del mundo, lleno de petróleo, minerales y reservas, con una economía estable y precios bajos gracias a sus abundantes recursos.

Al llegar a casa, compartí la noticia con mis padres: me iba a Venezuela.

Mi madre, con su característico realismo, me espetó: "La semana pasada era Canadá; la anterior, Estados Unidos; el mes pasado, España y ahora, Venezuela. La próxima semana será México. No te obsesiones y sigue estudiando". Pero como yo nunca escuchaba consejos, decidí ir a la embajada de Venezuela.

Recibí un rotundo rechazo.

Estaba descorazonado porque ya me habían negado la visa para Estados Unidos y Canadá. En realidad, no quería tener nada que ver con Argentina.

Mientras estudiaba y trabajaba en las provincias para una empresa de acolchados, seguía obsesionado con la idea de irme a otro país. Un día, caminando por la calle Florida, conocí a una chica de Costa Rica. Durante nuestra conversación, ella me habló maravillas de su país, de sus bosques y playas espectaculares. Le pedí que me invitara y ella aceptó, con la condición de consultar primero a sus padres.

Unas semanas después, al regresar de la escuela, fui directo a la cocina en busca de algo para comer. Mi abuela me interceptó y me dijo: "Te llegó una carta de Costa Rica, la dejé en tu habitación". Creo que tardé una milésima de segundo en llegar desde el fondo de la casa hasta la entrada de mi habitación.

La carta decía lo siguiente: "Querido
Enrique, mis padres dicen que estás
invitado a pasar unas vacaciones en
Costa Rica. Te espero en febrero".

Estaba loco de alegría. Se la mostré emocionado a mis padres y abuelos, pero decidí no compartir la noticia con mi hermana, ya que ella llevaba una vida diferente a la mía, rodeada de un círculo social más elevado. Siempre solía menospreciar a mis amigos y a mí, tildándonos de "ratas". Pero yo no elegía a mis amigos por su dinero, mientras que ella... bueno, como leíste a inicios de estas memorias, nunca fui parte de su grupo, ni tampoco me permitió serlo.

Fui a la embajada de Costa Rica y obtuve una visa por tres meses. Estaba decidido a aprovechar esta oportunidad. Caminando por la calle Santa Fe, vi una agencia de viajes y decidí entrar. Pregunté tímidamente por el precio de un pasaje a Costa Rica.

"¿Es solo para ti?", me preguntó la empleada con desdén.
Respondí que sí, y ella me proporcionó la siguiente información: "Si tienes visa, hay un vuelo vía Nueva York por mil ochocientos dólares. Sin visa, hay uno vía Río de Janeiro por dos mil cien dólares". Agradecí y me retiré.

Reunir dos mil dólares, más otros mil para gastos, era una montaña demasiado alta para mí en aquel entonces. La idea de Costa Rica parecía estar fuera de mi alcance. Sin embargo, necesitaba encontrar una salida de cualquier manera porque no quería quedarme más en Argentina.

Yo tenía, y aún conservo, un amigo judío como yo. Un día, fui a buscarlo a su casa y su hermana salió a recibirnos en la puerta.

Entre conversaciones, soltó una bomba: "Esta semana voy a la Sojnut (una agencia gubernamental que ayuda a los judíos a inmigrar a Israel). Hay un programa que por seiscientos dólares te llevan a Israel y te dan un boleto abierto en Europa".
"¿Podrías repetir eso?", indagué, sorprendido.
"Un boleto abierto a Europa", confirmó ella.

Nunca fui religioso como mi hermana. Jamás le presté atención a la religión; para mí, es una forma de manipular mentes. Sin embargo, como era judío, tenía ventaja y no podía dejar pasar esa oportunidad.

Mi amigo me acompañó a la oficina de la Sojnut, donde se recibían nuevos inmigrantes. Nunca se me había ocurrido ir a Israel, pero la posibilidad de un puente a Europa me llamó la atención.

En la presentación, nos explicaron que, si trabajábamos seis meses como voluntarios en un kibutz (comunidad agrícola en Israel), nos darían un boleto de regreso abierto por un año en Europa. Nos mostraron diapositivas de la belleza de los kibutz y de su gente, con voluntarios de todas partes del mundo. Yo solo veía muchas mujeres. Le pregunté al presentador de dónde venían esas muchachas.

Nos respondió: "De Estados Unidos, Canadá, Francia, Inglaterra y muchos países escandinavos".

Estaba muy emocionado, así que me anoté. Mi amigo no quiso. Era marzo y el viaje fue programado para el 8 de diciembre.

Regresé a casa y le dije a mi padre que con solo seiscientos dólares me iría. Él respondió: "Está bien. Trabaja y júntalos". Fácil decirlo, pero difícil hacerlo en una época en la que el dólar estaba por las nubes y la inflación era una locura.

Durante la semana, mi amigo me llamó: "¿Vas a comprar boletos para el Mundial?", preguntó. Respondí afirmativamente y le dije que me acompañara a hacer la cola. Cuando llegué por él, me dijo que su padre no le había dado plata. Sin embargo, mi padre me había dado algo de dinero, así que le dije que de todas formas me acompañara.

Fueron dos días de cola para comprar boletos del mundial del 1978. Todo estaba en orden hasta que anunciaron por un parlante enorme que las boleterías abrirían en un minuto. Entonces, todos los que estaban detrás empezaron a moverse hacia adelante, y nosotros también. Parecía que hubiera explotado una bomba y todos corrían. La venta de boletos no fue para nada ordenada.

Cuando llegó mi turno, compré diez, pero para la final.

Mi amigo me dijo: "Pero, boludo, ¿para qué la final si Argentina ni en pedo llega?"

Pero llegó, y tenía oro en mis manos.

Entonces puse un aviso en el diario El Clarín: "Doscientos dólares por cada boleto". Vendí ocho, guardando dos para mi amigo y para mí, porque no me perdería esa final por nada del mundo.

Y ganamos. Fue una locura. Todos olvidaron los conflictos, en Argentina fue una fiesta.

Con los mil seiscientos dólares en mano, le di ochocientos a mi padre (ese año le fue muy mal) y me quedé con el resto. Durante la semana, pagué los seiscientos del viaje, dejando doscientos para gastos.

El tiempo se hizo eterno desde junio, cuando terminó el mundial, hasta el momento de mi partida de Argentina, pero el día finalmente llegó: el 8 de diciembre.

¿LIBERTAD O CÁRCEL?

En las reuniones del grupo en Argentina nos decían que iríamos de voluntarios al kibutz en Israel, pero yo estaba claro que no iba a quedarme a vivir allá ni fui por idealista. Tomé la oportunidad de ir por seis meses con un boleto abierto de un año en Europa. Uno de los atractivos que ofrecían era conocer voluntarios de otros países, por lo que mi cabeza estaba enfocada en alguna belleza escandinava que mostraron en las fotos de la presentación.

El día que llegamos al kibutz, nos fueron preguntando sobre nuestras ideas de cómo queríamos encarar nuestro futuro, y mi idea era distinta a la de los demás. Yo solo quería cumplir mi tiempo e irme.

Al día siguiente de llegar, me levantaron a las 5 de la mañana, mientras dejaban que los compañeros de las barracas siguieran durmiendo una hora más. Me dijeron que siguiera a un hombre y así lo hice. Me llevó a donde estaban las vacas y me dio una pala para sacar sus excrementos y llevarlos a otro lado, donde los guardaban para abono. Mi idea de lo divertido que podía ser el kibutz se desvaneció muy rápido.

Cansado, al mediodía fui al comedor donde se encontraban todos, los que vivían en el kibutz y los voluntarios. Mi sorpresa fue que no vi a ninguna extranjera.

Se me ocurrió preguntar si había voluntarios de otros países y me dijeron que solo éramos nosotros. Para peor, era un kibutz de argentinos donde se palpaba el resentimiento del que llegó mucho tiempo antes hacia el recién llegado. Una mezcla de odio y desconsideración hacia nosotros los novatos.

Un día le pedí al supervisor si me podía cambiar de trabajo, y me llevó ante el director para solicitarlo. El director era el típico acomplejado con poder en las manos y le dijo al que me llevó a verlo: "Yo estoy aquí hace treinta y un años y vos hace dieciséis, así que la decisión de cambiarlo es mía y quiero que siga ahí."
Quería que siguiera sacando mierda de las vacas. Y como yo trabajaba bien, me quería dejar ahí. Muchos como yo, que se anotaron de voluntarios para el plan de seis meses solo por el boleto abierto a Europa, no aguantaron y se fueron a la casa de algún familiar. Sin embargo, el problema era que solo nos dieron nuestro boleto de ida y, para tener el regreso, había que cumplir con el trato. Ya estando ahí, empecé a percibirlo más como si tuviera una sentencia de cumplir seis meses de prisión con trabajo forzado.

Para tratar de que me cambiaran, empecé a hacerme el enfermo y trabajaba con desgano. Al poco tiempo, vino el supervisor y me dijo que había llegado un nuevo grupo de voluntarios de Argentina, y que ese trabajo se lo darían a otro, asignándome uno nuevo. Pero no fue mejor. De hecho, era horrible. Mi labor se localizaba en un depósito enorme detrás del gallinero. Por una máquina iban pasando los pollitos recién nacidos, y mi tarea era sacar a los defectuosos y tirarlos en una caja. Para mí, que soy amante de los animales, fue una tortura sacar a esos pollitos con defectos y tirarlos vivos en una caja para que se murieran.

Ya llevaba dos meses en el kibutz, y no aparecía ninguna voluntaria de otro país. Hasta que un día el supervisor, el único buena onda en ese kibutz lleno de odiosos, me dijo que al día siguiente llegaría un grupo de voluntarios ingleses, por lo que seguramente habría "voluntarias". Creo que fue la primera noticia alegre que recibí en ese lugar que me desagradaba tanto.

Al día siguiente trabajé con un poco más de ganas, aunque seguía tirando los pollitos mal nacidos, y la mayoría de las veces lo hacía con bronca. Mi jornada laboral empezaba a las 6 de la mañana y terminaba a las 4 de la tarde, con la hora del mediodía para comer y un descanso de quince minutos para tomar un café a las diez. Los días se hacían interminables, como si el reloj no avanzara.

Al salir a las 4, fui a tomar un baño y cambiarme. Normalmente, tomaba una siesta reparadora, pero en este caso quería ver a las inglesas que llegaban y darles la bienvenida. Me acordaba de las revistas argentinas cada vez que ponían fotos de mujeres esbeltas, rubias e inglesas. Pensaba deleitarme viendo bajar y recibir a una de esas bellezas que solo veía en fotos o en las películas de James Bond. Para ese tiempo, mi inglés era malo, pero suficiente para decir: "My name is Bond, James Bond". Faltando unos minutos para que llegaran, tenía tantas fantasías en mi cabeza parecía un desequilibrado.

Fue una espera con un resultado final decepcionante: del autobús empezaron a bajar los ingleses, todos blancos con las narices rojas por los pocos minutos de sol que habrían tomado al llegar. Y mi fantasía de James Bond se fue transformando en la de Patoruzito, ya que la mayoría de las mujeres parecían reencarnaciones de las brujas medievales. Me fui a cenar más desencantado que un roquero que queda calvo, y pensando cómo iba a aguantar el tiempo que me restaba en ese lugar.

Al día siguiente, otra vez le pedí al director que me cambiara de equipo, pero me dijo que no era posible. Me indicó que debía permanecer allí durante los seis meses completos. Ya faltaban solo tres meses y medio, pero no estaba dispuesto a aguantar tanto tiempo.

Lo único que aliviaba mi tortura semanal era ir los viernes, apenas terminaba, a casa de mi tía Rosa o a lo de mis tíos, los primos de mis viejos, en Tel Aviv. Tenía que buscar una manera de salirme de ese kibutz y una de mis primas, me la dio. Me sugirió ir a la Sojnut y decirles que tenía un problema de alergia con los trabajos en ese kibutz que me podría crear un serio inconveniente de salud.

Tenía que estar meticulosamente preparado, escoger el momento adecuado para actuar con determinación y encontrar la vía para escapar de aquel lugar. Los fines de semana, me cruzaba con sudamericanos que habían sucumbido a la dura vida del kibutz y se marchaban, pero se encontraban atrapados al no contar con los medios para regresar.

En aquellos tiempos, un pasaje de vuelta costaba casi dos mil dólares, mientras que los magros salarios apenas llegaban a los doscientos. Los gastos absorbían rápidamente los ingresos, convirtiéndose en una trampa para aquellos que, como yo, no compartían el idealismo que sostenía a otros en esas condiciones.

Entonces, en un audaz movimiento, decidí no regresar al kibutz durante un fin de semana y me dirigí directamente a la Sojnut, suplicando un cambio. Sabía que algunos kibutz castigaban a los voluntarios desertores, expulsándolos y dejándolos varados sin un boleto de regreso.

Entonces le dije al responsable: "Me prometieron que no habría gente de Argentina, y no quiero ver ni a un argentino más. Por favor, cámbieme".

Él finalmente accedió y me sugirió que me volviera al kibutz para tomar el primer autobús que salía a las 5 de la mañana del día siguiente.

"Pero no puedo decirle al director que te retirarás, no lo aceptará. Así que tendrás que escaparte".

Acepté la propuesta.

A la hora acordada, fui llevando despacito mi maleta hasta la puerta, tratando de pasar desapercibido. Esperé, con paciencia y nervios. Cuando el autobús llegó, como un aviso de malos presagios, apareció el director.
Solo atiné a decirle con sequedad: "Me voy a Tel Aviv, así que no se preocupe".

Cerré la puerta tras de mí y nunca olvidaré ese momento: por la ventanilla lo vi, gesticulando y gritando como loco.

DESPUÉS DEL KIBUTZ

Cuando llegué a Tel Aviv, me enviaron a un lugar llamado Ma'abarot, donde había muchos canadienses y estadounidenses. Pasé dos meses fantásticos allí, trabajando y divirtiéndome. Pero cuando terminó mi tiempo, me di cuenta de que no tenía dinero.

Mi tía Rosa me consiguió un trabajo en una pizzería en un lugar de su ciudad, Arad, en Israel. Luego, encontré otro trabajo en el desierto cerca del Mar Muerto. Allí me pagaban setecientos dólares al mes, y aunque era un trabajo duro, valía la pena. Vivía en una casucha, rodeado de personas que me miraban con curiosidad por ser diferente.

Comencé a abrirme camino bajo un calor abrasador, cerca de los cuarenta y cinco grados. Tenía que llevar conmigo un bidón grande de agua, al menos doce litros, y me recordaban constantemente que tenía que hidratarme. Vestía siempre con un sombrero enorme para protegerme del sol. Pasaba horas y horas recorriendo caminos y más caminos.

Estuve así durante un mes, recuerdo que regresaba a casa de mi tía Rosa los fines de semana, totalmente exhausto. Me decía a mí mismo que parecía como si cada sábado fuera un domingo.

El hogar de mi tía Rosa estaba situado en una colina, a unos seiscientos metros sobre el nivel del mar. El clima era muy agradable, nada parecido al desierto.

Un día en el trabajo, el hombre a cargo vino y me dijo: "Mira, voy a tener que ausentarme por un tiempo. Necesito que te quedes aquí todo el mes controlando que los demás hagan su parte".

Esto realmente me sorprendió.

Cuando usaba el tractor, veía a los demás, que eran beduinos, solo observándome o durmiendo. Se volvió un reto hacer que se ocuparan de sus labores. Me las ingenié y les daba un pedazo de pan para que se levantaran e hicieran lo que les correspondía. A veces, estaban tan cansados que se quedaban dormidos mientras trabajaban. Los beduinos eran gente buena, tranquila, sin muchos afanes.

Se sentaban de una manera peculiar, con la rodilla hacia abajo, y simplemente caían rendidos, incluso con la gorra puesta. Era una situación bastante complicada, ya que tenía que animarlos constantemente. Además, había muchos alacranes y escorpiones por allí. Una vez, un escorpión se metió en mi pierna, pero por suerte no me picó.

Terminé los dos meses, cobré mis mil cuatrocientos dólares y finalmente pude llegar a Europa.

DE ISRAEL A EUROPA

Me marché de Israel después de seis meses de trabajo: dos en un kibutz, dos en una pizzería en Tel Aviv y dos con los beduinos en el desierto.

Mi siguiente parada fue Roma, y lo primero que hice fue dirigirme desde el aeropuerto a la estación de trenes, donde sabía que podría encontrar un hotel barato. Me alojé en una pensión por diez dólares que, en aquel entonces, se pagaba en liras.

Al día siguiente, me levanté temprano para revisar los horarios de los trenes antes de salir a explorar Roma, y vi a muchos jóvenes durmiendo en la estación. Considerando que solo tenía mi mochila (había dejado la maleta), pensé en unirme al grupo esa noche y ahorrarme lo de la pensión. Así que lo hice. Fue mi primera incursión en la vida de los mochileros que viajan por el mundo.

La estación tenía buenos baños, así que solo tuve que asearme y sacar mi bolsa de dormir para unirme a un grupo de aproximadamente cien personas. Al día siguiente, me desperté y pensé: "He ahorrado diez dólares; ya no necesito dormir en hoteles". Así recorrí Roma, Nápoles, Florencia y otras ciudades, siempre durmiendo y aseándome en las estaciones de trenes y comiendo lo más barato que podía encontrar.

Una noche, la policía llegó para expulsar a todos los mochileros y tuvimos que salir corriendo. Recuerdo que llovía mucho y era de madrugada. Solo pude encontrar refugio bajo un puente del ferrocarril, donde cada paso de un tren me despertaba.

De camino a San Remo, conocí a una italiana encantadora. Me sugirió que me quedara en la ciudad, ya que vivía con su abuela y podía verme todos los días, especialmente porque era agosto, temporada alta de vacaciones. Y eso hice. Fue entonces cuando pude ducharme. También, pude tener sexo con esa mujer preciosa.

Cuando llegó septiembre, sentí que era hora de partir. Le dije a la italiana "Ciao, ciao, bambina" y, nunca olvidaré cómo me acompañó a la estación y lloró cuando partí. Era una época en la que no permitía que el amor se interpusiera en mi camino. Hoy, mirando hacia atrás, me doy cuenta de que tal vez fue un error dejarla. Era una mujer encantadora.

De San Remo, continué mi viaje hacia Mónaco, Niza y Cannes.

En Mónaco, los policías con guantes blancos nos recibieron en la estación para informarnos que no podíamos dormir en la playa. A pesar de eso, encontré un lugar donde pude hacerlo.

En Niza, la situación fue aún más complicada, ya que la policía vino a buscarnos para arrestarnos. Sin embargo, utilizando mi limitado inglés, le expliqué al policía francés que era un poeta argentino que estaba escribiendo sobre la vida de los mochileros en Europa. Por alguna razón, me dejó ir. Supongo que no entendió nada de lo que le dije.

En Cannes, entablé amistad con una francesa que también estaba viajando con su mochila. Era increíblemente hermosa, con su melena rubia y su encanto natural. Le propuse ir a la playa juntos, y ella aceptó. Cuando llegamos, se sacó toda la ropa, menos las bragas, dejando sus senos al aire, como se estila en la costa francesa.

Yo, un argentino criado en la época de los militares, donde encontrarse con una teta era algo prohibido, tuve un momento sublime, el cual quedó grabado como una fotografía en mi memoria.

Ella me invitó a su casa, que estaba a unos cien kilómetros de París. Durante el viaje en tren, hicimos varias paradas en distintas ciudades francesas, durmiendo en las estaciones junto a otros mochileros. Finalmente, llegamos a París y luego a su pueblo, más al norte, llamado Évreux.

Me presentó como su amigo, pero los padres no parecían muy contentos con mi apariencia. Con mi larga melena y barba, parecía más un personaje bíblico que otra cosa. Además, no encajaba bien con una familia que no parecía tener inclinaciones religiosas. Pasé una noche en un desván que me ofrecieron, pero al día siguiente decidí que era mejor marcharme.

Regresé a París y pasé la noche con otro grupo de mochileros en la estación Gare de l'Est. Salí a buscar algún trabajo, pero mi francés era muy limitado, apenas podía decir "oui" y "merci", así que no tuve suerte. Tenía en mente ir a Nueva York, porque un amigo de mi padre me había ofrecido trabajo allí; y a México, por la invitación de una chica que conocí en Tel Aviv.

Sin embargo, por el momento, la única solución clara que veía era llegar a España, donde vivía un amigo de la juventud que se había mudado a Barcelona. Desde allí, esperaba encontrar algún trabajo y seguir otros rumbos. El problema era que ya no me quedaba dinero, así que la única opción era viajar en tren y esquivar al revisor cuando viniera a controlar los billetes.

Con lo poco que me quedaba, compré un pan grande y un pote de leche condensada, y así comenzó mi travesía. Después de casi dos días subiendo y bajando de trenes, escapando del revisor, durmiendo en estaciones y alimentándome solo con pan duro y leche condensada, finalmente llegué a Narbona, la estación más al sur de Francia.

Arribé a un pueblo llamado Montredon des Corbières, con el estómago vacío y el cansancio de la madrugada pesándome. Encontré un rincón tranquilo en la estación, desenrollé mi bolsa de dormir y me instalé allí.

Después de unas horas, un hombre se acercó y me habló en un francés marcado con acento extranjero. "Vous voulez couper des raisins?", me preguntó. Respondí en español que no entendía lo que decía. "¿Quieres cortar uva?", repitió en español. Le dije que sí, que estaba dispuesto a trabajar. Con una sonrisa, me dijo que me llevaría a desayunar antes de empezar.

El hombre se llamaba Andrés de la Fuente.

LAS VENDIMIAS

Andrés de la Fuente me llevó a su casa, donde conocí a su abuela y a su mujer. Él era una excelente persona. Desde el primer día, me acogieron, me dieron de comer y me puso a trabajar desde las siete de la mañana cortando uvas.

La tarea era dura, las vides eran bajas y la espalda se me destrozaba. Una chica lindísima, que me decía "Paco lent", se reía de mi lentitud. Le pregunté a uno que hablaba un poco de español qué significaba, y me dijo que decía que yo cortaba muy lento.

Sin embargo, en apenas dos días, me convertí en el más rápido de todos, incluyendo al capataz. Así, terminaba una vendimia y empezaba otra; cada una duraba alrededor de 15 días. Trabajaba duro, pero también iba juntando dinero.

Cada vendimia era una experiencia nueva. Recuerdo que una vez me resfrié terriblemente, pero una gitana me cuidó. Me dio vino tinto caliente y me dijo que me abrigara bien. A la mañana siguiente, estaba como nuevo. Fue un remedio milagroso.

También probé la carne de jabalí. Estos animales se alimentaban de uvas, por lo tanto, la carne era exquisita.

Una vez, andando con un colega un poco lejos de donde recogíamos las uvas, nos encontramos con una cueva escondida. Allí había muchas botellas de vino. Eran unas bebidas deliciosas. Asumimos que quedaron ocultas en la época de la Segunda Guerra Mundial para evitar que los Nazis se apropiaran de ellas o las consumieran.

Cada vez que podíamos recogíamos una botella y nos la bebíamos para el almuerzo. Además, para no gastar nuestra plata, usábamos los vegetales de los campos cercanos para hacer sopas. Nos proveíamos de todo lo que no nos costará un peso para poder ahorrar. Más adelante, con ese dinero pude ir a Inglaterra, rumbo a México, pero tuve que volver luego de una experiencia terrible.

Al regreso, me recibieron con los brazos abiertos y Andrés y yo consolidamos nuestra amistad. Recuerdo que cuando me casé con una americana, la llevé a Europa y, durante un viaje, pasé por donde él vivía. Fuimos justo en tiempo de la vendimia. Andrés me vio y gritó mi nombre. Fue un reencuentro emotivo.

Volví nuevamente hace como seis años y cuando pregunté por Andrés, me dijeron que se había quitado la vida. Las malas lenguas dicen que fue por las infidelidades de su mujer.

MÉXICO LINDO, PERO NO TAN QUERIDO

Un día, cuando estaba en Tel Aviv, fui con mi prima a una discoteca. Allí empecé a conversar en hebreo con una chica, quien para mi sorpresa me respondió en español. Vivía en la ciudad de México. Al cabo de un rato, intercambiamos nuestras direcciones.

Unos meses más tarde, mientras estaba en Francia, recibí de ella una invitación formal para ir a México. Definitivamente, iría. Después de terminar la vendimia, me dirigí a Londres, donde estuve en un albergue para jóvenes compartiendo habitación con siete personas más y planeando mi viaje al país azteca. Conseguí un vuelo con escala en Nueva York, pero tenía un problema: no tenía visa estadounidense. Había intentado obtenerla en París y en Londres, pero no había tenido éxito. La alternativa era comprar un vuelo directo a México, pero era más caro.

Cuando llegué al aeropuerto, al descubrir que no tenía los papeles en regla, me detuvieron en inmigración y me llevaron a una habitación para hacerme un interrogatorio exhaustivo. A pesar de mostrarles la carta de invitación de mi amiga en México, no me creyeron. Después de un largo proceso, me encontré con un grupo de iraníes en la misma situación. Uno de ellos me sugirió que me hiciera el enfermo para evitar ser deportado. Yo insistí en que quería ir a México y mostré mi boleto de avión como prueba.

Estuve durante una semana en el aeropuerto de Heathrow, esperando mi deportación. En medio de aquella situación, conocí a un puertorriqueño en inmigración. Cuando le conté lo que me pasaba, él decidió ayudarme y me llevó a un hotel.

Para mí, estar allí era como estar en el paraíso después de pasar tanto tiempo en el aeropuerto. Había televisión a color y una ducha, lo cual era un lujo para mí en ese momento. Al día siguiente, me llevaron de vuelta al aeropuerto para ser enviado directamente a México. El avión estaba lleno. El oficial puertorriqueño habló con el piloto, quien accedió a dejarme viajar en primera clase, ya que eran los únicos asientos disponibles. ¡No lo podía creer! Después de todo lo que había pasado, por fin sentía que la suerte empezaba a sonreírme. Para seguir con mi buena fortuna, le caí bien a una de las azafatas, quien conversó conmigo casi durante todo el vuelo y me dio su número de teléfono. Cuando arribé a México, me comunicaron con la chica que me había invitado, y ella enseguida vino a buscarme.

Me llevó a su casa que radicaba en una zona exclusiva, donde me recibieron con una fiesta sorpresa con temática argentina. Me sentí muy bien, a pesar de mi apariencia desaliñada. Esa noche dormí como un bebé.

> He descubierto, a través de todas mis
> aventuras, que la mala y la buena suerte
> viven en una constante puja para ver
> cuál sobresale más.

Al día siguiente, el padre de mi amiga me dijo que me llevarían a un lugar especial. No estaba seguro de qué esperar a pesar de su amabilidad. Me recogieron en un auto lujoso con chofer incluido, lo que confirmó mis sospechas de que eran una familia adinerada.

Me llevaron al centro de la ciudad y, sin ton ni son, me abandonaron en la Plaza de la Reforma. No tenía dinero ni un lugar donde quedarme, así que me sentí perdido y un tanto angustiado. Pasé la noche allí mismo, entre otros individuos sin hogar y sin plata, como yo. Afortunadamente, nadie me robó mientras dormía. Alguien me habló sobre un albergue cercano y terminé pasando unos días muy agradables en ese lugar junto a otros extranjeros. Recuerdo especialmente a una chica guatemalteca que era muy hermosa.

Durante esos días, me dispuse a buscar trabajo y encontré una oportunidad para ser chofer viajando a Veracruz en la ruta nocturna. Me advirtieron que era un oficio peligroso y que si alguien intentaba detenerme debía seguir adelante sin parar.

La paga era poca, solo cincuenta dólares, pero para mí aquella suma era una fortuna. La labor consistía en transportar chocolates. Acepté de inmediato.

En el trayecto, me encontré con varios individuos armados que intentaron robarme, pero logré esquivarlos y seguir mi camino. Aunque fue una experiencia intimidante, yo me sentía en una película. Eso me salvó de ser traicionado por el miedo. Cuando regresaba de Veracruz, decidí hacerlo de día para evitar los peligros de la noche. Fue casi peor: tardé unas catorce horas en llegar enfrentando una montaña de autos obstruidos por el tráfico.

Le informé vía telefónica al dueño de la fábrica de chocolates que ya había regresado a la ciudad. Él me felicitó y cuando fui a cobrar mi pago me preguntó si era argentino. Me dijo que nos admiraba porque éramos conocidos por conseguir las mejores mujeres. Me pidió que lo ayudara en ese sentido, porque a pesar de tener veintiséis años, nunca había estado con una mujer. Le conté sobre mi amiga del albergue, la de Guatemala, y sugirió que saliéramos.

Esa noche fuimos a un restaurante y disfrutamos de la mejor langosta que he probado en mi vida. Al terminar, el mismo dueño del restaurante me dijo que podía pedir lo que quisiera. Esa noche estaba especialmente emocionado con la chica guatemalteca.

Más tarde, cuando ya estábamos durmiendo en el albergue, a alrededor de las dos de la mañana, escuchamos ruidos afuera. Nos asomamos por la ventana y vimos al dueño del restaurante acompañado de unos dieciséis mariachis, ofreciendo serenatas a la guatemalteca. Aunque parecía una locura, fue una escena fascinante: la mirada arrobadora del galán conquistador, la expresión de la muchacha sorprendida y los acordes y voces de aquellos músicos mexicanos bajo la luna.

Unos días después, la chica que conocí en Israel y que me invitó a México, fue a verme al albergue y me regaló cien dólares, avergonzada por la actitud de su padre. Me explicó que no tenía la culpa, que él era así de estricto. Resultó ser hija de uno de los hombres más ricos de México. Se ofreció a ayudarme y, a partir de entonces, me llevaba a distintos lugares, especialmente a restaurantes, pero nunca pasamos de ser amigos. Según ella, le había prometido a su padre que se casaría siendo virgen.

En una de nuestras salidas, le mencioné que tenía ganas de ir a Nueva York y, si conseguía un trabajo, me quedaría allá; de lo contrario, la otra opción era volver a Europa, a Barcelona, donde vivía un amigo.

Gracias a su intervención, logré una visa
de tránsito para Estados Unidos. Así de
poderosa era su familia.

Durante los cuatro meses que estuve en México busqué trabajo. Incluso fui hasta Acapulco. Percibí cierta aversión por mi nacionalidad, especialmente por parte de los hombres. Intenté encontrar empleo, pero no tuve suerte, excepto el de chofer de camiones, oficio que no estaba dispuesto a ejercer nuevamente porque era muy peligroso. Tuve suerte de no ser herido en mi primera aventura en la cual, aunque me dispararon un par de veces, las balas parecieron solo ser advertencias que nunca alcanzaron el camión.

Decidí que eso no era para mí.

UN VIEJO AMIGO EN NUEVA YORK

En una de las habitaciones del conventillo en Buenos Aires donde vivíamos, residía un amigo de mi papá, "Agustín", con su mujer y sus hijos pequeños. Mi padre y Agustín eran los mejores cortadores de cuero de todo Buenos Aires.

En la década de los sesenta, Agustín recibió una oferta para trabajar en Nueva York. No recuerdo mucho de su partida, pero sí de cuando volvía a visitarnos y le mostraba fotos a mi papá. En una de esas visitas, cuando yo tenía 14 años, le expresé que quería ir a Nueva York. Él me prometió que cuando fuera me iba a conseguir trabajo y un lugar para vivir. Fue con aquellas palabras en mente que me marché de México para encontrarme en Estados Unidos con Agustín.

> Viajé a Nueva York con apenas treinta dólares en el bolsillo.

Al llegar, Agustín me recibió y me ofreció la habitación prometida. Sin embargo, luego de aquella bienvenida cordial y de manera consecuente, sucedieron algunos eventos que delataron la verdadera naturaleza de aquel amigo de antaño de mi padre.

Primero, Agustín me acompañó a casa de un amigo que yo había conocido en mis meses en Israel. Fue una visita incómoda. Mi amigo no tuvo una buena impresión de Agustín y me lo hizo saber. Lo segundo sucedió algunos días más tarde, cuando salí a pasear con uno de los hijos ya adultos de Agustín. El hijo de este hombre me llevó a su casa y su esposa se puso algo zalamera conmigo. Esto no fue bien recibido por la familia.

A la mañana siguiente de esta visita a la casa del hijo de Agustín, este me comunicó que tenía que irme porque venía otra familia y no había lugar para mí. Le recordé que me había prometido trabajo, pero él dijo que no podía darme ninguno porque yo era ilegal. Recogí mis cosas cabizbajo y nos marchamos al aeropuerto. Antes de despedirme y sin mirarme a la cara, Agustín me entregó cincuenta dólares.

Con esa cantidad en el bolsillo, tomé un avión a Londres. Llegué a la estación Victoria, donde dormí en el piso. Luego tomé el tren a París y de ahí, el tren a Narbona, donde esperaba encontrar trabajo nuevamente en la vendimia. Pasé casi dos días sin comer gracias a la traición de Agustín.

En el 1988, mi suerte había cambiado. Me iba muy bien y vivía en un departamento con vistas al mar. En esos días me habían hecho un reportaje que apareció en el programa de televisión Sábado Gigante cuando de repente sonó el teléfono. Era un amigo, preguntándome si recordaba a Agustín. Se habían encontrado y el viejo le había comentado que quería verme. No lo podría creer.

Decidí darle una lección.

Fui a buscarlo en mi Mercedes acompañado de mi novia americana, una rubia muy linda. Lo llevé a mi casa con vistas al mar y exageré un poco haciéndole creer que era millonario. Todo el rato, Agustín solo se quejó de sus hijos. Más tarde, lo dejé en el aeropuerto, tal y como él había hecho años antes, sin embargo mi situación había cambiado. Ya no era yo el pobre muchacho sin dinero y perdido.

Nunca más me interesó volver a ver a Agustín. Ese hombre se había portado muy mal conmigo, pero finalmente, la vida me dio la oportunidad de demostrarle que me había ido bien, a pesar de tener "amigos" como él.

Siento que tuve mi revancha.

BARCELONA, ANTES DE SER INVADIDA POR LOS TURISTAS

Después de una difícil temporada en México y un tiempo breve en Nueva York, decidí regresar a Europa con destino a Barcelona, el único lugar que parecía ofrecerme cierta estabilidad.

Un amigo de la adolescencia había seguido los pasos de su hermano y emigrado a dicha ciudad alrededor del 1978, en una época post Franco caracterizada por la escasez de empleo y el aumento de la delincuencia.

Partí de Nueva York hacia Londres, en un vuelo de Pan Am el 31 de diciembre. Recuerdo ese vuelo como si fuera ayer. Había apenas un puñado de pasajeros y, cuando el reloj marcó la medianoche en Nueva York, las azafatas repartieron champán en las diferentes clases del avión, sin excepción, y celebramos con los pocos presentes. Un alemán que estaba a mi lado se dio la vuelta y me deseó un feliz año en su idioma.

Una vez en Londres, con los escasos recursos que tenía, me dirigí a la estación de trenes que me llevaría a París. En esa época, no existía aún el Eurotúnel, por lo que la estación terminaba en la parada del ferry que cruzaba hacia Calais, en la costa norte de Francia.

Ya en la embarcación, noté a una mujer rubia que estaba bebiendo en el bar y me acerqué para saludarla. Me ofreció una cerveza, a pesar de que le expliqué que no tenía moneda inglesa ni francesa.

"No importa", me dijo ella. "Yo invito".

Tras unas cuantas cervezas, la mujer, que era unos veinte años mayor que yo, comenzó a besarme. Pronto, me propuso ir a su casa que estaba situada en las cercanías de la parada. Dadas las escasas opciones de alimento y alojamiento con las que contaba, acepté sin dudarlo.

Ya estando en la cama, escuchamos un ruido en la puerta. Ella susurró: "¡Mi marido!" Rápidamente, agarró toda mi ropa y mi mochila, y me escondió en la parte de atrás de un armario. Estuve ahí sin beber ni comer y sin hacer ningún ruido durante unas diez horas.

A la mañana siguiente, la mujer abrió el armario y salí de ahí completamente desnudo y sudado. Me bañé y me dio de comer. Luego me explicó que su marido trabajaba en una fábrica a ciento cincuenta kilómetros y solo venía a casa dos veces por semana. Justo había coincidido que él apareciera en ese momento. Más tarde, ella misma me dejó en la estación de tren.

Después de una travesía muy incómoda, durmiendo en estaciones, sin comer, y con unos siete dólares en el bolsillo, arribé a Barcelona. Mi objetivo era ir a la casa de mi amigo, situada a dos cuadras de la Sagrada Familia. Con escasas fuerzas, me moví de un autobús a otro. Cuando finalmente llegué, busqué el ascensor, pero la encargada me informó que no había y que debía subir por las escaleras. Con mi mochila, y las últimas reservas de energía que tenía, empecé a subir.

En el sexto piso, escuché gritos. Continué subiendo y vi a mi amigo sujetando el pelo de una mujer como si estuviéramos en la era de los cavernícolas.

Me lancé sobre él y le pedí que la soltara. Mi amigo estaba fuera de sí, gritaba que esa mujer lo volvía loco, que la echaba y ella regresaba, mientras la mujer vociferaba cosas también. Le pedí a la encargada que subiera mi mochila al departamento de mi amigo, mientras yo acompañaba a la desconocida afuera. Durante el descenso, la mujer me contó lo mucho que amaba a mi amigo y que él no le correspondía.

Yo solo escuchaba, completamente hambriento. Al llegar abajo, ella siguió hablando como si yo fuera su terapeuta. Le expliqué que acababa de llegar de Londres, pasado por Francia y que llevaba dos días sin comer. Entonces, ella pagó un taxi y fuimos al mejor hotel de Barcelona, donde disfrutamos del buffet.

Mientras ella continuaba con sus lamentos amorosos, yo llenaba mi plato una y otra vez. Comí tanto que tuve que ir al baño a vomitar.

Le prometí que intentaría ayudarla con mi amigo y que, cuando quisiera, podríamos repetir el almuerzo. Creo que me invitó unas cuatro veces más. Mi amigo no quería tener nada que ver con ella.

Mientras tanto, yo buscaba trabajo en lo que fuera y trataba de hacer mi vida en Barcelona.

Estuve alrededor de diez meses allí, y durante ese tiempo viví experiencias muy importantes que marcaron mi vida. Me encantó vivir en dicha ciudad en aquella época. Hasta que todo cambió.

EL MAGO DE LAS VENTAS EN BARCELONA

Por esos tiempos, en Barcelona, encontrar trabajo era casi imposible. La situación era aún más difícil que en los últimos años del franquismo. Las Ramblas, que hoy es una atracción turística impresionante, entonces era un lugar inhóspito y abandonado. Era raro ver a alguien caminando por ahí de noche. A pesar de eso, seguí buscando trabajo sin éxito hasta que un día alguien me preguntó si quería ofrecer enciclopedias puerta a puerta. Acepté el reto pues desde entonces intuía que tenía talento para las ventas. Para dicha tarea necesitaba vestir bien y no contaba con ropa adecuada, por lo que mi amigo me prestó un traje que él ya no usaba y que me quedaba casi a la medida porque yo estaba muy delgado. Ataviado con ropas ajenas, empecé a vender de casa en casa, pero aquello no me funcionaba muy bien.

Entonces, tuve una idea: sugerí ir a las escuelas para vender enciclopedias para niños. Le propuse a mi jefe organizar un concurso de dibujo en las escuelas, donde los padres y los niños participarían y luego vendrían a un evento para recoger sus premios. Sería en las entregas de los diplomas a los niños donde aprovecharíamos para venderles los libros a los padres.

Y así lo hicimos.

Empecé a visitar escuelas, organizando concursos de dibujo casi todos los sábados. Los padres venían orgullosos con sus hijos, y nosotros colgábamos los dibujos en las paredes. Aunque algunos dibujos eran simples garabatos, los elogiábamos como si fueran obras de Picasso. Les decíamos a los niños que eran muy talentosos y que serían grandes artistas, lo cual encantaba a los padres. Luego, me sentaba con ellos y les hablaba sobre cómo podían fomentar la inteligencia de sus hijos con nuestras ediciones. Les decía que una enciclopedia era esencial para su educación y que podrían pagarla en cómodas cuotas. Así, logramos vender muchos volúmenes.

Un día, mi amigo y yo, fuimos con dos muchachas a un evento y allí vi a un hombre que llevaba el saco sobre los hombros, sin meter los brazos en las mangas. Me llamó la atención estilo peculiar y, eventualmente, adopté esa forma de llevar el saco también.

Aquel hombre se me acercó y me dijo: "Oye, qué lindas y majas las chicas". Nos hicimos amigos. Curiosamente, él también se llamaba Enrique. Se notaba que tenía mucho dinero; recuerdo que conducía un Citroën Palace, esos autos con suspensión que subían y bajaban. Creo que venía de Murcia. Al día siguiente de aquel encuentro, me invitó a almorzar y me comentó que tenía un negocio en mente. De repente, me ofreció mudarme a su departamento, que era muy grande. Acepté encantado.

Le agradecí a mi amigo y compatriota por todo el tiempo que me dejó quedarme en su hogar, y me mudé. Eventualmente, mi amigo, quien sigue siéndolo hoy en día, decidió trasladarse a Lloret del Mar porque ya era imposible vivir en Barcelona. Es lo mismo que sucede en Miami, donde ya no se puede vivir debido a la congestión y otros problemas de las grandes ciudades. Barcelona se convirtió de la noche a la mañana en una ciudad turística caótica, con 25 millones de turistas para una población de 3 millones de residentes.

Volviendo a Enrique, le sugerí que hiciéramos una tarjeta de descuento. Él no lo entendía del todo, pero confiaba en mí. Así que fui a algunos negocios y les propuse la "TF: Tarjeta de Ahorro Familiar". Conseguí contactos en alrededor de trescientos negocios en un par de semanas. Sin embargo, los clientes no querían pagar por la tarjeta, así que busqué otra solución.

En Barcelona, había muchas casas de chicas de "la vida alegre". Un día, fui a una de esas casas y les propuse a las mujeres la tarjeta de afiliación, que incluiría descuentos en restaurantes y servicios de entrega a domicilio. Apuesto a que así nació la primera idea del hoy conocido delivery. Empecé a vender la tarjeta a todas las casas de prostitución, alrededor de doscientas en total, y fue un éxito rotundo.

Los restaurantes entregaban comida a las chicas y yo ganaba un montón de dinero. Sin embargo, había un problema. Enrique se puso celoso porque estaba ganando más que él y una de las chicas que a él le gustaba pasaba mucho tiempo conmigo. Finalmente, un día me dijo casi con rabia: "Mira, ya no puedo dejarte vivir aquí".

En ese momento, teníamos un equipo de dieciséis personas trabajando para nosotros, y el negocio funcionaba muy bien. Le pedí dinero por todo el trabajo que había realizado y, sobre todo, por la idea. Me entregó diez mil dólares. Con esa suma, me sentí el hombre más feliz del mundo. Decidí que usaría ese dinero para regresar a Argentina y ayudar a mi mamá.

Tomé un vuelo de Barcelona a Roma y luego de Roma a Buenos Aires.

Al llegar, caí en una profunda depresión. Era el año 1981 y me sentía completamente abatido. No tenía ganas de hacer nada. Barcelona siempre quedó en mi corazón. Volví a esta ciudad varias veces después y había cambiado mucho, porque se había convertido en un punto atestado de turistas.

Las ciudades, como las personas, también cambian.

Si estás acostumbrando al ambiente que tiene una ciudad, es difícil adaptarte a las novedades. Cuando se transforman, algunos habitantes se quedan y otros se van. Yo me fui de todas que perdieron aquel encanto que inicialmente me había enamorado.

CAPÍTULO
III

Un hombre en la ciudad del sol

Desde que era niño, lidié con una fiel compañera: mi alergia. A pesar de los esfuerzos de mi madre, quien me llevaba a cada especialista que nos recomendaban, nunca logramos encontrar una solución definitiva.

Recuerdo que, cuando tenía quince años, uno de ellos le dijo a mi madre: "Señora, la sangre de su hijo no tolera el frío. Deberían ir a un lugar cálido, al norte". Sin embargo, era imposible mudarnos. Tenía que aprender a convivir con mi alergia, aunque a veces resultara bastante difícil.

Así fue como entendí que mi cuerpo necesita lugares cálidos para habitar.

Regresar a Argentina después de mi época como mochilero errante no fue fácil.

A pesar de trabajar en oficios disímiles, no lograba encontrar mi lugar en la sociedad que me vio crecer. Sentía que necesitaba irme otra vez.

Recuerdo un día en particular en el que vi a dos chicas caminando por el centro y decidí seguirlas (una práctica más aceptada en aquel entonces). Una de ellas se rio y me habló mientras conducía. Al final accedieron a subir y fuimos los tres a tomar un café. Con los militares aún en el poder, no era común encontrar ladrones en las calles, ya que cualquiera que intentara atacar o robar a una mujer sabía que correría el riesgo de sumarse a la lista de desaparecidos.

Una de las chicas era argentina, pero vivía en Maryland, lo que me hizo pensar que tal vez tenía una oportunidad para ingresar a Estados Unidos. Ella mencionó que su tío tenía un negocio en Miami y que en ese momento estaba de vacaciones en Buenos Aires. Inmediatamente, le pedí que me llevara a verlo, y así lo hicimos.

El hombre habló maravillas de Miami, describiendo su apartamento frente al mar y asegurando que, a excepción de los recién llegados de Cuba, todo era tranquilo. Sin embargo, señaló que el trabajo era escaso. Miami se grabó en mi mente como el destino perfecto: calor, playa y hermosas mujeres. Decidí irme apenas unos meses después.

Obtener la visa no fue sencillo. Mi padre logró una extensión de sus tarjetas de crédito y, con la ayuda de un abogado especializado en dichos trámites, conseguí un permiso de quince días. Sabía que Miami no sería un camino fácil, pero siendo joven, sentía que debía intentarlo. Estaba convencido de que podía establecerme y tener éxito.

Miami era una ciudad sumida en tiempos difíciles. El año anterior, la comunidad negra se había sublevado, desencadenando disturbios que quedarían grabados en la historia. Mientras tanto, Fidel Castro permitía la salida de aquellos que se habían acuartelado en la embajada de Perú en La Habana, pero solo permitía la salida de Cuba en barcos, cargados de personas que la sociedad cubana no quería.

La historia del éxodo del Mariel dejó a Miami dividida entre los cubanos que habían llegado huyendo de la revolución y los que Fidel había enviado como "regalo" al entonces presidente estadounidense, Carter.

En medio de este ambiente turbulento, llegué a la Florida con un boleto solo de ida y treinta y cinco dólares en el bolsillo.

Recuerdo que había una compañía inglesa que ofrecía vuelos desde Londres a Miami por solo doscientos noventa y nueve dólares, ida y vuelta. En Buenos Aires, tenían un representante de ventas que ofertaba los vuelos de conexión en Europa, pero no el tramo de Miami a Londres.

Desesperado por dejar Argentina, un país que siempre pensé no progresaría (y no me equivoqué), fui a ver a dicho representante. Aunque no pudo venderme un boleto completo, me proporcionó una carta que afirmaba que la empresa esperaba mi presencia en Miami para comprar el boleto a Londres.

Esa carta era mi única oportunidad de entrar a Estados Unidos, ya que no tenía suficiente dinero para comprar un boleto de ida y vuelta. La ida costaba ochocientos setenta dólares, mientras que el boleto de ida y vuelta era de unos mil trescientos dólares. Solo pude comprar el boleto de ida, mostrando la carta de la empresa inglesa.

Finalmente, aterricé en Miami un soleado día de inicios de diciembre de 1981. Estaba entusiasmado. Y nervioso. Al hacer la fila de inmigración, traté de mantener la calma. Sabía que cualquier signo de ansiedad podría significar la deportación.

Cuando llegó mi turno, el agente de inmigración revisó mi pasaporte, notando los numerosos sellos europeos de mis viajes como mochilero. Me preguntó a dónde iba, y le dije "a Londres, aunque mi destino final es España". Le conté que desde allí tomaría un tren a París y que luego finalizaría mi viaje en Madrid. Le agregué que necesitaba estar en España para el mundial de fútbol que iba a celebrarse el próximo año en dicho país.

Mencioné un acuerdo con la aerolínea inglesa, pero expliqué que solo podía comprar el vuelo en Miami. Le mostré la carta y expresé mi esperanza de salir en uno o dos días, ya que me esperaban en Madrid. El agente me miró seriamente y dijo: "Solo te daré quince días, nada más". Respondí que con dos o tres sería suficiente.

Luego, estampó el sello y me dio la bienvenida a Estados Unidos.

Aliviado, salí del aeropuerto y busqué un autobús que me llevara hasta Miami Beach, donde sabía que había hoteles baratos. Eran alrededor de las 6:45 a. m. Miami parecía una ciudad sombría y peligrosa, pero no me importaba; estaba decidido a triunfar.

El autobús me dejó en el centro, y con mi mochila en mano, no tenía idea de cómo llegar a mi destino. Pregunté a varias personas, pero todos tenían aspecto hosco y no me respondían. Finalmente, una señora que se dio cuenta de mi situación me dijo en español: "¿Qué buscas?"

Le expliqué que quería llegar a Miami Beach, y ella me indicó dónde estaba la parada. Le pregunté al conductor dónde podía encontrar un hotel por diez dólares, y él me dio las indicaciones.

Caminé con mi mochila a cuestas, como lo había hecho en Europa, hasta que vi a dos tipos hablando español en la puerta de un hotel. Escuché su conversación y me di cuenta de que eran argentinos. Les pregunté dónde podía conseguir un lugar barato, y me dijeron que hablara con el dueño.

No recuerdo el nombre del dueño argentino de dicho hotel, pero fue un hombre extraordinario. Me dijo que tenía un lugar en la azotea y que me lo podía alquilar por cincuenta dólares a la semana. Yo no tenía ese dinero. Sin embargo, lo seguí, y llegamos a un espacio diminuto, con una cama muy pequeña, un inodoro y una salida de agua para ducharme que estaba colocada prácticamente sobre el inodoro. Le expliqué que estaba buscando trabajo y que no tenía la suma completa, pero le ofrecí algo como adelanto. Él me respondió: "Conseguir trabajo es casi imposible, pero te doy el lugar por esta semana y me pagas cuando tengas el dinero, semana a semana". Acepté.

Aunque el lugar era una pocilga, para mí era un refugio.

Tenía un sitio donde dejar mis cosas y algo parecido a una ducha para bañarme. Era la gloria. Acaba de llegar a Miami y ya tenía dónde quedarme.

Me cambié y bajé para averiguar cómo podía conseguir dinero. En el lobby había un grupo de argentinos jóvenes fumando y charlando. Les pregunté directamente si sabían dónde podría encontrar trabajo. Se rieron y uno me respondió: "Si llegas a encontrar, avisa, porque estamos buscando hace meses y no conseguimos nada". Me di la vuelta y le pregunté al dueño. Me respondió: "Trabajo no hay, quizás en algún negocio del centro de la ciudad, pero es muy difícil".

Llegué a la esquina de Biscayne y Flagler en un autobús, me bajé y comencé a caminar a indagar si había posiciones vacantes para mí. Preguntaba una y otra vez, pero la respuesta era siempre la misma: "No".

En un negocio de electrónica de un compatriota que estaba entre la Flagler y la 3ra Avenida, me dijeron: "Ni aquí ni en ningún lado hay trabajo, vuelve a Argentina que no te necesitamos". Ese individuo, llamado Sam, fue quien luego (cuando me iba bien) me denunció a inmigración porque veía que yo hacía mucho dinero con los turistas.

Ese primer día seguí caminando y preguntando, pero no conseguía nada.

Hasta que llegué a mitad de cuadra entre la 3ra y la 2da Avenida, sobre Flagler. Le pregunté a un señor canoso si tenía trabajo, era uruguayo, y me contestó: "Mira, el sótano no lo quiere limpiar nadie. Debe de haber ratas muertas, cucarachas y hasta víboras. Si te animas a limpiarlo y organizarlo, te daré ciento sesenta dólares por semana, y creo que te tardarás dos semanas".

Le respondí: "Empiezo ahora mismo si quieres".

Y así comenzó mi aventura en Miami.

MI FAMILIA AMERICANA

Cuando mis abuelos paternos se casaron en Lituania, tomaron lo poco que tenían y se dirigieron al puerto donde se encontraba la otra parte de la familia. Había dos barcos disponibles: uno con destino a América del Norte, y otro a América del Sur. Como te conté con anterioridad, mi abuelo, quien en esa época creía firmemente en el comunismo, consideraba que Argentina era el país del futuro, por lo tanto, decidió dirigirse hacia el Sur. Así, la familia de mi abuela se dirigió al lado opuesto, a Estados Unidos.

A pesar de la distancia, los primos de mi abuela siempre mantuvieron una estrecha comunicación con ella e incluso le enviaban dinero en tiempos difíciles. Cuando mi abuela les escribió informándoles sobre mi viaje a Miami, provocó una verdadera revolución en mi familia americana.

Tanto mi tía como mi tío fueron increíblemente solidarios.

Después de tres meses en Miami, mi tío y su familia me invitaron a vivir con ellos. Tenían una casa grande con cuatro habitaciones, y aunque no quería molestarles, acepté su oferta. La casa estaba en un lugar precioso, con la playa y una piscina enfrente, rodeada de gente mayor ya retirada.

Mi tío me llevaba a todos lados y me quería presentar a muchas chicas, pero yo no estaba en ese plan. También se ofrecieron a buscar un abogado para que me adoptaran legalmente y pudiera quedarme en el país, aunque era algo complicado. Mi tío se ocupó personalmente de visitar a un abogado y solicitar cada vez que era necesario la extensión de mi visa, además de buscar formas de obtener mi residencia. Él cubría todos los gastos.

Mi tía me consiguió un número de Seguro Social, lo cual me permitió trabajar más tranquilo. Estuve con ellos durante años, y aunque se enojaron cuando me casé con una cubana americana (porque querían que me uniera a alguna de las chicas que me presentaban), siempre tuvimos una buena relación. Mientras vivía con ellos, me exponían a todo tipo de hijas de amigos millonarios para que pudiera entablar una relación, pero además de que mi inglés aún no era muy bueno, la mayoría de esas mujeres no eran ni sensuales ni divertidas.

Un día, conocí a la hija adoptada de mis tíos. Era una chica típica del centro de Estados Unidos, lo que algunos llamarían "redneck", pero era buena onda y, aunque hablaba poco, en esa época me llevaba bien con ella.

Un día, mi tío, a quien le gustaba beber, me confesó que la habían adoptado de niña, y que se casó con un perdedor que era un jugador empedernido y había acumulado muchas deudas. Mis tíos pagaron miles de dólares para ayudarla. Después, se casó con otro hombre con más deudas, y mi tío, otra vez, pagó casi doscientos mil dólares para que no vivieran con esa carga. Nunca conocí al marido de mi prima porque mi tío lo odiaba y no quería que estuviera cerca de él.

Con el paso de los años, la salud de mi tío se deterioró y falleció. Quise ir al entierro en Chicago, pero la hija de mis tíos no me informó de nada. Luego me enteré de que mi tía fue internada en un lugar para ancianos. Intenté contactarla, pero la hija adoptada, me negó el acceso.

Perdí toda conexión con mi familia americana.

No sé si mi tío me dejó algo en su testamento. Mi "prima" cortó toda comunicación conmigo. Aunque traté de llamarla en los años 90 y principios del 2000, nunca me contestó.

CUANDO ME CASÉ

He estado casado dos veces, y esta ocasión a la que me referiré, la primera, sin duda fue una movida impulsiva. He tenido novias de todo tipo, todas muy hermosas: cantantes famosas, modelos, bailarinas (mi debilidad), y muchas profesionales. Ninguna, y digo ninguna, de ellas tenía tatuajes, piercing o consumía drogas, ya que siempre me abstuve de usarlas. En eso, me cuidé mucho.

Esta primera vez, estuve muy mal casado. No podía haber salido peor. La segunda vez fue una apuesta que hice con Pelé, el jugador de fútbol, quien en esa época era amigo mío. Así que esa se podría decir que no cuenta.

Como ganaba mucho dinero llevando turistas al centro de Miami y obtenía muy buenas comisiones, no quería casarme. Un argentino que tenía un negocio en el centro, nunca me quiso dar porcentaje por llevarle clientes, así que decidí no pasar por su puerta, sino por otros lugares donde sí me daban comisión. Las últimas veces tuve la suerte de llevar grupos grandes y gané bastante dinero.

En esos días, me compré el Cadillac convertible más grande que había en esos momentos.

Estaba ganando dinero a diario. En un solo día, llevé a setenta brasileños a una boutique en el centro. Esa boutique estaba casi en bancarrota, ya que nadie quería ir por esos lugares en aquel entonces en el 1982. Sin duda, una época difícil.

Cuando el dueño de la boutique me vio entrar con ese grupo, sus ojos, como buen fiel religioso, se iluminaron igual que si Jesús hubiera resucitado. Le presenté a la guía, quien también quería comisión. Ella nos decía: "Mira, todos son VIP millonarios, van a arrasar con tu tienda". El propietario cerró la puerta y se puso a vender. Era un sábado por la mañana. Fui el lunes a cobrar la comisión y me entregó veinticinco mil dólares. Me abrazó como si fuera su hermano y me dijo que yo era un enviado de Dios. Había salvado su negocio con ese grupo que le compró millones durante un tiempo.

Diez años después, lo vi en la piscina del condominio que tenía en la playa. Se acercó a saludar y presentarme a su familia. Nunca olvidó aquel día.

La semana en que cobré esos veinticinco mil dólares, me compré varios trajes de la época dorada de Miami. Solía frecuentar el Mutiny, el club al que iban los millonarios, delincuentes y traficantes famosos. Tenía que estar allí porque era el lugar donde se encontraban las mujeres más hermosas.

Perdí muchas oportunidades con esas damas, ya que me pedían cocaína, pero como yo no acostumbraba a usarla, a pesar de los abrazos y besos, se marchaban. La mayoría de ellas, o casi todas, eran adictas.

Entonces, decidí dar el paso de casarme. Pura impulsividad.

En esos días, siempre veía pasar por aquel lugar adonde llevaba a los turistas a una cubanoamericana, nacida en Nueva York, que me saludaba y parecía interesada en mí. Aunque no me quitaba el sueño, pensé que ella podía ser una solución práctica a mi soledad, así que la invité a cenar para contarle como me sentía y ella aceptó.

La pasé a recoger por un lugar un poco tétrico del noroeste de Miami en mi Cadillac convertible. Con aquella pinta que yo siempre traía y mi automóvil reluciente, no pasaba desapercibido.

La llevé a un restaurante cubano y le pregunté directamente: "¿Te quieres casar conmigo mañana?"
Ella me miró emocionada y respondió: "Sí, pero solo si me sacas a mí y a mi hijo de la casa de mi madre".

Me habló un poco de su hijo. Me contó que ella tenía 19 años y que había quedado embarazada a los 16, de un vecino que su mamá le había presentado. Acepté aquella especie de trato.

Al día siguiente, fui a buscarla al banco donde trabajaba y todos se detuvieron a saludarnos, incluso llegaron las cámaras del canal 7 y mostraron una pieza periodística sobre nosotros titulada: "Un amor fugaz en el banco". Pienso que noticias como aquellas no eran muy comunes en ese entonces, una época de guerra y drogas, por lo tanto, nuestro matrimonio fue una nota positiva entre tanto caos, que llamó la atención de los medios.

Nos casamos en el registro civil y ese mismo día, ella recogió sus cosas y a su hijo para mudarse conmigo.

Cuando la fui a buscar para llevarlos a mi casa, me llamó mucho la atención que ella salió corriendo con el niño en una mano y un paquete en la otra, diciéndome apurada: "Rápido, pon eso en el baúl y vámonos". Yo estaba tranquilo colocando la caja con ropa en el amplio baúl del Cadillac, mientras ella y el niño entraban al auto. De repente, salió un tipo medio borracho con un arma en la mano, gritando: "¿A dónde te la llevas?"

Corrí hacia el auto y arranqué como si fuera un piloto de Fórmula Uno.

Escuché un disparo en la distancia que parecía haber sido tirado al aire.

Cuando llegamos a mi departamento, el niño no paraba de llorar y esa noche, asustado, durmió en medio de nosotros dos.

MATRIMONIO Y MARTIRIO DEL CIELO BAJAN

Realmente, no estaba listo para casarme cuando llegué a Miami. Tenía 26 años y la estaba pasando muy bien. Recuerdo que el día después de contraer nupcias, un amigo mío vino a buscarme. Siempre vestíamos prendas costosas y a la moda porque estábamos haciendo bastante dinero y frecuentando las mejores discotecas de Miami. Esa noche me puse un traje blanco carísimo para irme de fiesta. Cuando salía de casa, mi esposa me lanzó un vaso lleno de soda que tenía en la mano, vociferando: "No vas a ningún lado, ya te casaste".

Así comenzó el martirio.

Cuando recuerdo esa etapa de mi vida, tengo que reconocer que ella era una mujer con muchas cualidades positivas: era muy trabajadora, aportaba en la casa y no tenía ningún tipo de vicios. Sin embargo, yo no estaba preparado para compartir mi vida con alguien más. No era la persona adecuada para el matrimonio en esos momentos. Simplemente, no estaba listo para ese compromiso y, en el fondo, lo sabía.

Los domingos íbamos a la casa de su padre y la pasábamos bien.

Un día, él me prestó dinero porque yo, a pesar de generar bastante plata, estaba algo apretado financieramente. Me llevó a una subaste y me prestó dinero para comprar un auto. Terminé adquiriendo un Chevrolet Vega. Claro, yo no sabía que esos autos eran invendibles: eran pequeños y de cambios, algo que nadie quería comprar en esa época.

A raíz de este préstamo y de mi inconstancia para pagarlo de vuelta, mi suegro aludía que si no fuera porque yo era el marido de su hija (aunque la llamaba "hijastra" porque decía que ella había sido concebida por otro hombre), me habría cortado las piernas por moroso. Finalmente, le devolví el dinero, ya que luego de seis meses, logré vender el auto a otro argentino por menos del precio que pagué. Yo tuve que poner el dinero extra.

Esa experiencia afectó mi relación con mi suegro. Al principio, cuando íbamos a su casa, todo estaba bien, pero después de este incidente, la relación ya no fue la misma.

Aunque no sentía un amor romántico por mi esposa, en general llevábamos una relación cordial. Reconozco que ella no era una persona problemática, pero yo estaba en otro mundo.

Al cabo de dos años, nos separamos.

Le di dinero para que se fuera a vivir a una casa nueva. Me quedé solo y, aunque me acostumbré a vivir por mi cuenta, a los dos meses la fui a ver. Cuando llegué a su casa, me atendió un tipo y casi me peleo con él. Resulta que ella ya tenía una nueva relación. No entiendo cuál fue la causa, pero le pedí que volviera conmigo y lo hizo. Al tiempo, quedó embarazada.

Yo estuve en el parto cuando nació mi hija, y el primer mes, todo fue maravilloso. Al tercer mes, mi esposa se fue, dejándome a la nena. Entonces me convertí en el único cuidador de la pequeña.

Al año y medio, ella reapareció con la policía argumentando que yo le había robado a nuestra hija. Mi respuesta fue simple: "Siempre he vivido y trabajado en esta casa. Todo el mundo me conoce. No me ando escondiendo. La acusación no tiene sentido, y ella lo sabe. Incluso aparecí en Sábado Gigante, el programa de Don Francisco. Siempre he estado aquí."

Finalmente, tuvimos que llegar a un arreglo. Le pasaba todos los meses una mensualidad para nuestra hija, aunque la pequeña vivía conmigo. Entonces entendí que cuando nos unimos, no había sido mi momento de casarme o de formar un hogar, de intentar tener una relación formal y que, tampoco lo había sido para mi exesposa.

Éramos dos personas muy inestables y ese desequilibrio seguramente contribuyó a que nuestro matrimonio no funcionara. Cada uno tenía necesidades distintas: ella quería liberarse de los lazos de su madre y su padrastro, y yo buscaba tener compañía constante sin el compromiso que se requería.

LA REVISTA

Una de las cosas que hice cuando el turismo en el centro de Miami empezó a decaer, fue prestar atención a cómo la gente compraba y vendía autos. Mi suegro, quien tenía una licencia para subastas, me llevó a una de ellas. Con un grupo de amigos argentinos comenzamos a comprar autos usados, medio abaratados, los arreglábamos, limpiábamos y luego los vendíamos.

En esa época, había unas revistas de auto trader en inglés donde colocábamos nuestros anuncios. Un día, mientras estaba en el centro, vi a unas personas repartiendo una revista de unas pocas páginas. Eran unos argentinos que escribían sobre turismo y otras tonterías. Entonces les envié una nota de prensa y, para mi sorpresa, fue muy bien recibida. Muchas personas leyeron la nota, y me di cuenta de que podía redactar bien.

Desde pequeño me gustaba escribir poemas y siempre tuve pasión por la escritura.

Un día decidí que era hora de terminar de poner anuncios en las publicaciones de otros y sacar mi propia revista, mientras seguía como guía de turismo. Tenía algunos ahorros, frutos del auge de aquellos clientes ricos que llegaban de compras por Miami. Fue una época de bonanza que pude aprovechar. Así nació la revista Automundo.

Empecé con un socio el primer número de la revista con papel barato tipo periódico y con solo ocho páginas. Las repartíamos gratis por varios lugares. Ya desde el primer número, vendimos algunos anuncios. Para el segundo número, la mayoría de la gente que me conocía ya nos compraba espacio publicitario.

Pero luego, este socio y su mujer me comunicaron que, a partir del próximo número, ellos se iban a encargar de manejar la revista, ya que mi función en el proyecto era mínima. Fue un golpe bajo. Les insistí que había sido yo el de la idea y, sobre todo, que era yo quien tenía conocimiento acerca del tema de los autos.

Desde los seis años, mi padre me llevaba a las carreras y veía a los Citroën 2CV tomando curvas sin volcarse. Asistía, además, a las carreras de Fórmula Uno en Argentina y fui el primero en cronometrar el récord de Reutemann en el 1973. Tenía revistas, diarios y libros de automovilismo, y era casi un experto.

Mi socio y su esposa no conocían el tema a cabalidad: manejaban autos viejos y tenían ideas medio socialistas . ¡Vaya usted a saber qué hacían en los Estados Unidos! Me dijeron que no debía presentarme en la oficina y solo debía traer el dinero de las ventas. Yo respiraba automovilismo, no podía aceptar eso.

Decidí alquilar una oficina pequeña que estaba libre al cruzar la calle. Al abogado que me ayudó en dichas gestiones le pedí que me apoyara también con poder sacar una revista llamada Automundo. Él me recomendó que investigara si el nombre estaba registrado. Mi antiguo socio y su esposa se habían adelantado y ya habían inscrito ese nombre.

Nuevamente, me sentí traicionado.

El abogado me comentó un caso parecido: "Acá hay una revista que era muy famosa en Cuba. Cuando sus dueños llegaron a Estados Unidos, se encontraron con un problema similar y simplemente le añadieron la palabra Continental al nombre."

Siguiendo su consejo, decidí registrar Automundo Magazine.

Pasado este impase, me dispuse a sacar el primer número de Automundo Magazine. Me guie por lo que sabía y empecé a recortar y a pegar artículos elaborados enteramente por mí. Llevé estos recortes a la imprenta, pero ellos me aconsejaron que buscara un diseñador gráfico, pues lo que había realizado no se veía profesional. Fue un obstáculo tras otro, pero al final logré emitir y distribuir el primer número.

En un concesionario de autos, un cubano me dijo: "Chico, acá a la gente no le interesa esto de autos. Olvídate, esto va a fracasar rápido." A pesar de su escepticismo, seguí adelante y les ofrecí espacios a otros concesionarios. Poco a poco, la revista comenzó a ganar lectores y esto trajo la venta de más publicidad.

Un día, recibí la llamada de una mujer que era representante de una importante empresa fabricante de cigarrillos alegando que estaban interesados en mi revista.

Me ofrecieron un trato exclusivo: querían que la publicación se distribuyera solo en Estados Unidos y que el respaldo fuera solo para una de sus marcas. "Te estoy llamando porque una amiga mía en Miami dice que te conoce. Quiero asegurarme de que la revista no se venda en Latinoamérica. Y que el patrocinio sea exclusivo para nosotros", y agregó: "Cuando vuelva a llamarte, solo di eso, que estás únicamente en Estados Unidos. ¿De acuerdo?"

Hicimos lo que ella me instruyó en una segunda llamada y, unos días más tarde, me enviaron cinco mil dólares.

Me puse a bailar por toda la cuadra cuando recibí aquella suma tan cuantiosa y me di cuenta de que el negocio iba en serio.

Este trato fue un gran avance para Automundo. Así que, a pesar de los problemas iniciales, la revista comenzó a crecer y a ganar reconocimiento, vendiendo anuncios especialmente para la industria del tabaco. Al año ya tenía una revista con papel de alta calidad. La gente bromeaba señalando que Automundo "fumaba", de tanta publicidad de cigarrillos de marcas muy reconocidas que tenían sus páginas.

También conseguí un acuerdo con una cerveza muy famosa, la cual pagaba por aparecer en la contraportada. Allí publicaba fotos de chicas hermosas con cervezas en la mano. Sin embargo, las asociaciones de madres contra conductores borrachos se quejaron, y la fábrica de cervezas canceló su contrato. Por esta razón, perdí una cuenta que nos generaba diez mil dólares al mes.

Me siento orgulloso de haber sido el organizador de la primera fiesta del auto del año en un evento modesto. Ninguna de las marcas de automóviles reconocidas quiso participar entre la elección de autos, excepto una, la cual me reservo el nombre.

Un representante de esta empresa asistió al evento realizado en la ciudad de Orlando. Invité a los dos grandes canales de televisión hispanos en los Estados Unidos, invertí mucho dinero en el hotel que acogió la actividad y familiares de figuras del automovilismo mundial se dieron cita en dicho evento. Fuimos mencionados en reportajes televisivos y tuvimos menciones en numerosos medios.

Dos días después del evento, me telefonearon desde la ciudad de Detroit los representantes de la marca que había asistido, impresionados por el éxito de la actividad. Querían recompensarme por haberles dado visibilidad. Les pedí un auto de regalo. Fue así como comenzó la tradición del "Auto del Año".

A partir de ese momento, la revista Automundo comenzó a atraer más publicidad y atención de las compañías automotrices. Me invitaban a todos los eventos importantes del sector. Automundo creció enormemente, hasta contar con ochenta y cuatro páginas y un sinnúmero de anuncios de marcas de cigarrillos y autos.

Me mudé a una oficina más grande y fue en esta época cuando decidí hacer el auto show en la ciudad de Miami. Sabía que contaba con buenas relaciones por doquier y, estaba seguro de que, podía hacer funcionar un evento de esa naturaleza en mi ciudad.

Como en todos mis emprendimientos, fui objeto de envidias y recelos.

Estas circunstancias se repetirían en mi vida con casi todos mis proyectos; en el caso de Automundo, también. Continué con la revista por muchos años más, hasta que un día recibí una llamada de una chica de Los Ángeles. Me dijo que una persona estaba enviando cartas a todas las compañías de autos, afirmando que invertir en Automundo era una mala decisión porque yo mentía sobre los números.

Era una práctica común de la publicidad disfrazar las cifras para atraer anunciantes, pero la persona que me denunció consiguió una fotocopia de los documentos con los números reales y la envió a todos mis clientes, adjuntando una carta anónima que afirmaba ser uno de los inversionistas de la empresa.

El golpe fue duro y perdí la mitad de mis anunciantes.

Fue entonces cuando decidí venderla y la revista fue adquirida en el 1992 por un señor de unos 80 años, el mismo que tiempo después trabajó conmigo en otra publicación.

Automundo siguió adelante con nuevos dueños. Hoy en día, la revista aún se publica y lleva más de cuarenta años en el mercado. Ha sido un largo camino desde aquellos primeros números hasta convertirse en una publicación tradicional y bien establecida en el mundo automovilístico.

La envidia es una de las razones por las cuales, en mi opinión, Latinoamérica no está más desarrollada. Cuando un latino ve a otra persona prosperar, a menudo busca la manera de desacreditarla y derribarla. Tengo la teoría de que de este sentimiento tan voraz y maligno surgen ideologías como el socialismo y el comunismo, que no promueven la riqueza individual.

Muchos años después, descubrí quién había sido la persona que saboteó a Automundo. Prefiero no entrar en detalles, pero era alguien que había trabajado conmigo, enviado por un colega para lanzar otra revista. Al final, por supuesto, no lograron sacar a flote esa otra publicación. Nunca pudieron competir conmigo; no había competencia posible. Yo sabía mucho de autos, de distribución, de publicidad, de todo. Además, fue un trabajo enorme. Yo recorrí todos los Estados Unidos con la revista al hombro, participando en quioscos montados en todos los auto shows habidos y por haber.

Automundo sigue siendo un referente en el mercado hispano, demostrando que, a pesar de las dificultades y la envidia, el esfuerzo y el conocimiento siempre prevalecen.

VIAJES EN CARRETERA

Siempre me ha gustado conducir cualquier tipo de auto. Recuerdo que cuando compraba en las subastas de Miami, un día me llamaron porque estaban subastando un Citroën 2CV y yo era el único que sabía manejarlo debido a la peculiar palanca de cambios. Al final, no pude comprarlo, pero siempre me gustó manejar.

Intenté ser corredor de autos. Tomé un curso y al final hicieron una carrera que gané. Sin embargo, competir profesionalmente era costoso, unos cinco mil dólares por carrera, y no tenía los recursos para eso.

Una vez, una empresa de autos de lujo me prestó un auto. Había tenido una gran discusión con mi primera esposa, así que me puse a manejar sin rumbo. Después de haber guiado toda la noche desde Miami, terminé en Virginia. Me quedé medio dormido en la ruta, pero con esta aventura constaté que siempre he disfrutado conducir largas distancias. Después de descansar unas tres o cuatro horas, seguí derecho hasta Nueva York. Me di el gusto de dar esa vuelta en el automóvil de lujo. En el regreso, me detuve en las Carolinas, en un lugar muy mexicano y divertido, cuyo nombre no recuerdo. Me encantaba hacer esas locuras.

Los domingos, solía salir de mi casa en Brickell y manejar por toda la Florida, recorriendo trescientas o cuatrocientas millas. Conocía ciudades y lugares distintos, explorando todo el estado. Esto se convirtió en mi rutina dominical.

Otra vez, asistí a una convención en Dallas. El boleto de avión estaba muy caro, así que decidí ir manejando. Ya tenía 40 años y comenzaba a tener problemas de visión. Tuve que visitar a un oculista quien me recetó lentes. Me dijo que estaba forzando demasiado la vista al manejar por tantas horas.

Estar detrás del volante era una forma de liberar el estrés. Actividades como publicar periódicos y revistas, así como organizar festivales o conciertos, generaban mucha tensión. Pero al volante, con la radio encendida o conversando por teléfono, encontraba una especie de terapia. Nunca necesité tomar pastillas para el estrés; simplemente, manejar un buen auto era suficiente.

Por eso, conducir me ha solucionado muchas cosas, especialmente con mi problema de presión alta. Cuando estoy al volante mi presión baja. Siempre he tenido proyectos y sueños relacionados con viajes largos, como la ruta de Alaska a Argentina.

Desde muy joven, he soñado con ese proyecto. También me gustaría hacer un viaje por todo Portugal. ¿Quién sabe? Tal vez algún día lo haga; todavía estoy a tiempo. Estos proyectos siempre han estado en mi mente y forman parte de mi pasión por probar autos nuevos.

Me encanta subir a un vehículo y descubrir si realmente vale la pena. Recuerdo que una vez tenía dos carros, un Acura y un Camry. El Acura era incómodo, mientras que el Camry era súper cómodo, hecho al estilo americano, similar al Chevrolet Malibu, que la gente compraba por su comodidad. El Camry pasó a ser uno de los autos más vendidos, al igual que el Ford Taurus en su época. Tenía ambos en la puerta de mi casa, proporcionados por la compañía, pero no disfrutaba manejar uno de ellos por lo incómodo que me resultaba en comparación con el otro. Siempre me pareció interesante esta comparación porque, aunque vendían el incómodo como un auto de lujo, al final del día, la comodidad del otro lo hacía mucho más agradable para la conducción diaria en la ciudad. La gente prefiere la comodidad para ir y venir del trabajo, llegando descansados y no agotados por un automóvil poco confortable.

Este ha sido siempre uno de mis hobbies: probar vehículos y manejar.

He guiado tanto que casi me quemo los ojos. Ahora siempre uso lentes, y eventualmente tendré que operarme. A pesar de estos problemas, sigo disfrutando de probar todo tipo de autos, desde los de carreras hasta los de lujo.

Recuerdo que una vez me prestaron una Hummer, un McLaren y también una Ferrari. Aunque eran emocionantes de probar, ninguno me resultó cómodo. El auto más confortable que he manejado, aunque es carísimo, fue un Bentley Continental. Los Rolls Royce también son cómodos, pero están más pensados para ser conducidos por un chofer.

Probar automóviles es algo muy atrayente para mí, algo que siempre me ha apasionado. Me encanta planificar bien los viajes, parar en buenos hoteles, disfrutar de buena comida y conocer nuevos lugares. No me gusta estar en casa sin hacer nada, solo viendo televisión. Ya no me interesa tanto ver el fútbol (al menos que juegue Argentina o el River Plate) o películas. Para mí, las cosas cautivadoras están afuera y procuro salir a buscarlas.

Conducir autos es mi forma de encontrar esas experiencias.

EL LOCO MUNDO DE LOS AUTOS

Desde que empecé en el mundo del automovilismo, siempre he tenido que lidiar con los relacionistas públicos de las empresas fabricantes. Algunos son leales y sinceros, pero la mayoría no lo son. Recuerdo una vez, en los años 85 u 86, que necesitaban una persona para relaciones públicas en una de estas organizaciones. Me presenté para el puesto y me hicieron un montón de preguntas. Contesté todo correctamente, dominando el inglés y el español, y de manera básica el portugués, francés, hebreo y algo de italiano. Pasé todas las pruebas, pero no me dieron el trabajo porque no tenía una carrera universitaria. En Estados Unidos, muchas personas tienen títulos, pero no siempre demuestran conocimientos prácticos. Les preguntas cuál es la capital de Argentina y no lo saben. En muchos casos, solo tienen un diploma colgado en la pared, pero no por haber aprendido realmente.

He tenido que lidiar con muchas personas en posiciones de poder que estaban ahí solo por su título, pero no por su capacidad. Sobre todo los relacionistas públicos de las empresas automotrices de los años 80, 90 y 2000. Últimamente, la situación ha empeorado, ya que se han formado grupos cerrados que solo tratan con quienes pueden controlar, evitando a personas como yo, "inmanejables".

Recuerdo una gran fiesta que organizamos en el 1991 en Las Vegas con la Asociación de Periodistas Latinos de Estados Unidos. Asistieron más de seiscientas personas y fue la primera vez que se presentó un prototipo de una camioneta. Yo expresé que ese era el futuro de los carros en Estados Unidos, pero muchos se rieron de mí, diciendo que no sabía lo que estaba diciendo.

Al año siguiente, los mismos que se burlaron de mi comentario me preguntaron cómo había sabido que el modelo sería un éxito, convirtiéndose en el vehículo utilitario deportivo más vendido.

En el 1992 o 1993, asistí a una presentación de otra marca de automóviles en Los Ángeles, donde estaban presentando sus autos con tracción delantera, algo innovador en aquel momento. Durante la sesión de preguntas, le pregunté a uno de los directivos si tenían planes de sacar un vehículo similar a la competencia. Sorprendido, me respondió que era la pregunta más tonta que había escuchado, ya que la suya era una compañía de autos, no de camionetas.

Esta experiencia me mostró que, muchas veces, las ideas innovadoras son subestimadas y ridiculizadas, hasta que se convierten en realidad y demuestran su valor.

Hoy en día, si no fuera por las camionetas y los SUV de estas empresas, muchas ya habrían cerrado. Sin embargo, algunas empresas automovilísticas no tienen visión de futuro; siempre están enfocadas en el presente, y eso les impide ver más allá. No tienen esa capacidad. También existe entre ellos la creencia de que los autos eléctricos se van a vender inmediatamente, pero aún falta mucho para que eso suceda. El tema de los autos eléctricos es complicado.

Volviendo a los relacionistas públicos, algunos me invitaban solo porque siempre fui el número uno en todo, aunque me miraban con mala cara y me atendían mal.

Recuerdo una presentación de una marca de vehículos de lujo. Un periodista recién llegado se sentó conmigo en el mismo auto que yo para probarlo. Él iba al volante y empezó a correr como un loco. Le dije que bajara la velocidad, que prefería hablar tranquilamente y andar despacio. Sin embargo, no me escuchó y poco después la policía nos detuvo. Multaron al periodista. Esa noche, un relacionista público de la marca que fue testigo de todo el incidente y que incluso habló con la policía a nuestro favor, me dijo que era mi culpa, que yo debía haberle dicho al reportero que conducía que parara. Yo le insistí que se lo había pedido, pero que él no quiso escucharme. Como resultado, nunca más me invitaron a un evento de dicha marca. Por eso y, me atrevería a apostar, al hecho de que soy latino.

Ellos invitan a periodistas latinos controlables, que son como marionetas. Estos periodistas no son realmente expertos en autos; yo los llamo "paracaidistas" porque solo aprendieron sobre autos cuando les dieron uno para manejar gratis.

Escriben pequeñas notas en periódicos solo para justificar el hecho de manejar los carros, pero no porque realmente sepan del tema como yo, que crecí con entre vehículos. Por lo tanto, aquellos como yo, que somos un poco más críticos, no somos bienvenidos. Ellos invitan a quienes pueden controlar y estos periodistas dicen que todos los autos son buenos, incluso cuando no lo son. Promueven autos ineficientes con problemas técnicos y de otra índole.

Recuerdo que una vez fui a la fábrica de una de estas empresas de autos y vi cómo trabajaba la gente. Un empleado argentino me contó que estaba muy descontento con una de las marcas. Me dijo que, en varias ocasiones, por bronca, dejó de poner un aro en los cilindros. Esto muestra el nivel de descontento y la falta de control de calidad en algunos casos. Entonces es el concesionario quien tiene que hacerse cargo de ese gran problema.

Otra maniobra que no siempre les resulta exitosa a las empresas fabricantes de automóviles es copiar lo que hace la competencia, aunque no sea factible para su marca o vaya a proporcionarles más ventas. Como cuando Toyota abrió en Kentucky y las demás compañías empezaron a hacer lo mismo en el sur.

Una empresa en particular, que para mí es una de las peores compañías del mundo, tiene su propio documental. Está en YouTube y se llama "Roger and Me" de Michael Moore. En el filme se trata a cabalidad sobre lo que pasó en dicha empresa en los años 80.

La creación de Saturn fue otro desastre; costó 6 billones de dólares y se suponía que competiría con los autos pequeños japoneses. Sin embargo, Saturn terminó fabricando autos baratos y raros que intentaban ofrecer mejor servicio en concesionarias, pero, al final, tuvieron que cerrar con el declive económico del 2009. Varias empresas se declararon en bancarrota en ese mismo año. Yo lo había anticipado, pero nadie me escuchó o quiso hacerlo.

Algunos relacionadores públicos latinos también pueden llegar a ser un fastidio. No son unidos y en su mayoría, no tienen conocimientos sobre autos. Es posible que nunca lleguen a altos cargos dentro de estas compañías porque no se han unido para luchar como lo han hecho los afroamericanos que formaron grupos poderosos y acusaron a un reconocido fabricante de racismo, obteniendo como resultado publicidad y acceso a eventos.

UNA ISLA ENCANTADORA

Por el año 1986 (y antes de venderla en el 1992), a pesar de haber salido en una entrevista con Don Francisco en Sábado Gigante y de haber recorrido el país con stands en diferentes auto shows y convenciones hispanas, Automundo tenía una venta baja.

Un día, el distribuidor que usaba me preguntó si quería enviar las revistas devueltas para tratar de venderlas en Puerto Rico. Accedí. Eran alrededor de tres mil setecientos ejemplares.

Al cabo de un mes, las ventas seguían bajas. Sin embargo, al segundo mes, recibí una llamada de un gerente de dicha distribuidora que me comunicó: "Enrique, tengo los números de Puerto Rico".

Me preparé para recibir noticias desalentadoras. Sin embargo, cuando me dio las cifras me dejó en shock.

"Se vendieron casi tres mil quinientas revistas. Eso representa más del ochenta y cinco por ciento de las que enviaste", expresó con alegría.

No podía creerlo.

"Quizás fue una sorpresa que llegara por primera vez una revista de carros", me dijo. Así que quedamos en esperar un tiempo más.

Al tercer mes, recibí otra llamada asegurándome que la tendencia seguía.

Se hizo evidente que Puerto Rico era un buen mercado para Automundo. Así que decidí sin vacilar que era el momento de lanzar la versión de AutomundoPuerto Rico y reservé mi vuelo hacia la isla.

Necesitaba encontrar representantes, así que al llegar me hospedé en un hotel de Condado y comencé a buscar contactos. No fue fácil, a pesar de ser una época de abundancia para dicho país. Después de algunos intentos fallidos, finalmente encontré a alguien que se encargaría de la venta de publicidad del primer número. Tenía un plazo de tres meses para vender anuncios que aparecieran en las páginas de la revista. Sin embargo, después de dos meses, no había logrado ni una venta, así que tuve que dar de baja ese acuerdo. Decidí asumir personalmente la tarea y sabía que en ese rol nadie podía superarme. Logré vender unas cuatro páginas de publicidad, pero aun así no cubría los gastos.

A pesar de estos contratiempos, lancé la primera edición de Automundo Puerto Rico.

En lugar de distribuirlas enviándolas a concesionarios y agencias de publicidad, imprimí una tirada adicional y decidí regalarlas en la entrada de la carrera de autos más importante del año en el autódromo de Salinas. También mandé a hacer camisetas con el logo: "Yo leo Automundo. ¿Y usted?", y contraté a seis modelos, una de las cuales era una especie de asistente personal.

Durante la carrera, acudieron todos los dueños de franquicias de automóviles y de agencias de publicidad. Era un evento importante con una copa en juego, y unos veinticinco hijos de familias adineradas competían en la carrera.

Las chicas estaban en la entrada del autódromo repartiendo las revistas, y era increíble ver cómo la gente las pedía. Al final del día, cuando fui a ver la carrera, casi nadie estaba sin una revista en la mano.

Al día siguiente, ya en la oficina con mi nueva asistente, empezaron a llegar llamadas de anunciantes de distintas marcas de carros: todos querían anunciarse en Automundo Puerto Rico. Fue un éxito rotundo. El segundo número tenía más publicidad en Puerto Rico que en los Estados Unidos, y la revista se vendía mejor en la isla.

Desde el 1987 hasta principios de los 90, disfruté de una época dorada en Puerto Rico. Pasaba diez días al mes allí, y aunque me costó el divorcio de mi segunda esposa, valió la pena.

Luego, cuando los números empezaron a descender, vendí la revista, pero el comprador no supo cómo manejarla y supe que desapareció.

Regresé a Puerto Rico en el 1996 para lanzar otra revista llamada Ritmo de Puerto Rico, la cual no tuvo el mismo éxito que Automundo. Sin embargo, fui recibido como un rey por el mundo empresarial y me deleité de esa época, donde además de ser soltero, pude ser parte de la prosperidad de la isla del encanto.

EL ESPECTÁCULO DE LOS AUTOS

En el 1987, las cosas marchaban bastante bien para mí. Mi revista de autos estaba bien establecida en Estados Unidos y la edición de Puerto Rico iba por buen camino. Sin embargo, no podía conformarme con contar solo con esos ingresos y sabía que necesitaba buscar nuevas aventuras.

Miami era conocida como la capital de los autos exóticos, debido al considerable movimiento de dinero relacionado con el narcotráfico. Aunque yo nunca estuve involucrado en ese mundo, veía pasar ese dinero y sabía que tenía que encontrar la manera de sacarle provecho.

Fue entonces cuando se me ocurrió la idea de crear un espectáculo de autos exóticos. A medida que este nuevo proyecto comenzó a tomar forma, pensé que sería una buena idea incluir también autos deportivos. Así que decidí definir cómo sería el espectáculo y lo llamé: "The Exotic and Sport Car Show".

Mi primera parada fue en uno de los centros de convenciones más reconocidos de Miami Beach, pero me rechazaron. Nunca entendí por qué no les gustó la idea, pero con el tiempo descubrí la razón, la cual me reservo.

Después, fui a otro lugar, ubicado en Coconut Grove, y cuando vi el costo, casi me desanimo. Casi. Sabía que tenía que buscar una solución.

Hablando con un par de periodistas cubanos, me enteré de que muchas personas iban a la ciudad para solicitar cosas gratuitas. Resultó que el centro de convenciones era propiedad de la ciudad de Miami.

Entonces, fui a la sede de la Alcaldía en Coconut Grove y pregunté cómo podía solicitar una audiencia para obtener el centro de convenciones sin cargos. La chica que me atendió me miró incrédula y me preguntó si estaba en mis cabales. Cuando le respondí, con mucha seguridad, que sí, me entregó un formulario para que lo completara y lo llevara de vuelta. Luego me darían la fecha para presentar mi propuesta ante los cinco miembros de la comisión, entre los que se encontraban el alcalde.

Preparé una presentación para cada uno de los cinco que votarían, con el fin de darles una idea de lo que sería este espectáculo de autos, así como los beneficios que traería a la ciudad.

Cuando llegó el día de la presentación, me dirigí a las oficinas de la alcaldía y noté que había mucha gente que iba a realizar sus presentaciones a los cinco políticos que escucharían y votarían a favor o en contra.

La mayoría eran cubanos que presentaban ideas que a menudo me parecían un tanto absurdas. Pero al ver que muchas de esas propuestas obtenían votos favorables, me sentí optimista para mi presentación.

Finalmente, llamaron mi nombre: "Enrique Kogan, Exotic and Sport Car Show".

Tomé el micrófono y comencé mi discurso dirigido al ilustre alcalde y comisionados de la hermosa ciudad de Miami, proponiendo un espectáculo que elevaría el renombre de la ciudad a nivel mundial. Sin embargo, mi presentación fue interrumpida por otro comisionado que me preguntó qué quería de ellos.

Le expliqué que lo que buscaba era que me otorgaran el centro de convenciones sin cargos. La reacción fue de sorpresa y risas por parte de los demás presentes. El comisionado añadió que jamás habían concedido el centro de convenciones de forma gratuita y que me había equivocado de lugar.

En ese momento, mi orgullo argentino se manifestó y expresé mi indignación, señalando que mientras otros venían a pedir cosas sin sentido, a mí, como argentino, no me tomaban en serio cuando presentaba un negocio beneficioso para la ciudad. Les señalé que esto sería noticia en los medios latinoamericanos.

Después de un breve intercambio, el alcalde me llamó a un lado y me explicó que este tipo de propuestas debe presentarse con antelación. Me ofreció una segunda oportunidad para presentar mi proyecto en dos horas, lo cual acepté agradecido.

Cuando regresé, repetí mi presentación. Aunque el mismo comisionado que se había opuesto anteriormente seguía en contra, los demás votaron a favor de mi propuesta. Recuerdo claramente las palabras del alcalde, quien destacó que era la primera vez que Miami otorgaba el centro de convenciones sin cargos a un argentino, y me miró con una sonrisa.

Me sentí exultante cuando me dirigí al abogado de la ciudad, quien me entregó el documento firmado y sellado que autorizaba el uso gratuito del centro de convenciones. Con un gesto amistoso, el abogado me felicitó y me dijo que había hecho un excelente trabajo.

Salí de la alcaldía con la autorización para realizar el primer Auto Show de autos exóticos y deportivos en Miami, sin tener que pagar por el espacio. Claro está, una cosa es obtener la concesión gratuita del centro de convenciones y otra muy distinta es organizar el evento con todos los gastos que conlleva, además de enfrentarse a la complicada tarea de llevar los carros a Miami y asegurarse de que el espectáculo fuera un éxito.

EL REY DE LOS AUTO SHOWS

¡Había triunfado! Me habían otorgado de manera gratuita el uso del centro de convenciones para organizar un auto show.

Decidido a aprovechar esta oportunidad, empecé a planificar el evento con unos siete u ocho meses de antelación. Lo primero que hice fue reunirme con la persona encargada del centro para explicarle mi propuesta. Él me dijo que necesitábamos un mapa detallado del espacio para organizar los autos y el flujo de visitantes. Me recomendó contratar a un arquitecto para crear el plano, lo cual costaría alrededor de cinco mil dólares, una suma que no tenía a mi disposición.

Mientras salía del edificio, el hombre de la limpieza que había escuchado nuestra conversación, me abordó. Me contó que alguien más había intentado algo similar y que había dejado el mapa tirado. Él lo había guardado y me lo ofreció. Le pagué cien dólares por el documento que resultó ser perfecto para lo que necesitaba. Con esa base, diseñé un media kit, una lista de precios y un plan de distribución de los espacios.

Como estaba muy enfocado en Automundo y Automundo Puerto Rico, contraté a dos vendedores para ayudar con la venta de espacios en el show. Les ofrecí un sueldo base más comisiones.

Durante tres meses, me aseguraron que estaban hablando con diferentes concesionarios y posibles clientes.

Un día, ambos se presentaron y me dijeron que, pese a sus esfuerzos, nadie estaba interesado en el show. Me enfadé al ver que habían recibido tres meses de sueldo sin lograr ningún resultado significativo. Los despedí y decidí tomar las riendas de las ventas de manera personal. Algo similar ocurrió con Automundo Puerto Rico y había logrado salir triunfante.

El primer lugar que visité fue el concesionario de Ferrari, especializado en autos de colección. Entré con confianza y le dije a la secretaria que venía de parte del alcalde de Miami. El hombre a cargo de dicha concesionaria me atendió sin problemas.

Como siempre, yo andaba en mis mejores galas.

Le expliqué que me habían otorgado el uso del centro de convenciones de la ciudad para organizar el primer auto show de autos exóticos en Miami, una actividad que la ciudad necesitaba. Al mencionar que el alcalde había sugerido hablar primero con él, se mostró más interesado y llamó a su jefe. Discutimos la posibilidad de ocupar un espacio prominente en la entrada de la actividad con sus autos de lujo. Le pedí treinta y cuatro mil dólares.

Tras negociar por un rato, acordamos treinta mil con la mitad del pago por adelantado. Salí de la reunión con un cheque. Después de ese empujón, la venta de los demás espacios se dio con rapidez.

El primer año del auto show fue un éxito rotundo. Atraía a los ricos de Miami y el evento ganó popularidad rápidamente. La suite donde me alojé, la misma que Michael Jackson había usado en el hotel Grand Bay, era el lugar perfecto para celebrar el éxito de mi idea.

Aunque el segundo año presentó nuevos desafíos, fue igual de exitoso. Cambié el lugar del evento, y eso elevó el costo de su realización. Había cierta expectativa, por lo tanto, contaba con una clientela sólida. Se destacó por ser una actividad con autos deportivos, exóticos y conceptuales que no se veían de forma convencional en Miami.

Para el tercer año, en el 1991, amplifiqué la exhibición trayendo autos de Fórmula Uno, Indy y NASCAR, así como vehículos de museos exclusivos. Sin embargo, el show coincidió con una tormenta tropical que duró los tres días del evento, lo que complicó el acceso y la logística. Pese a los esfuerzos realizados, la asistencia fue baja y perdí una cantidad significativa de dinero.

No hay duda de que estas actividades me
aportaron muchos reconocimientos,
como cuando recibí la primera llave de la
ciudad de parte del alcalde, algo que
valoro mucho.

Al mismo tiempo que me elogiaban y reconocían, me enfrentaba a la oposición de los realizadores de presentaciones de automóviles tradicionales de la ciudad. Este grupo alegó que mi evento perjudicaba las ventas y presionaron para que no continuara.

Una de estas estrategias de sabotaje fue convencer al centro donde alquilaba el espacio de cobrarme una suma más alta. Finalmente, y debido a estas contrariedades, el alcalde me pidió que dejara de organizar el auto show. Con toda la presión en mi contra, incluyendo las dificultades creadas por el racismo y la competencia desleal, tuve que abandonar el proyecto.

Aunque estoy convencido de que mi auto show de autos exóticos en Miami podría haber sido el mejor del mundo, las circunstancias me obligaron a detenerme. A veces, los latinos enfrentamos obstáculos significativos cuando destacamos en áreas donde los americanos no quieren competencia.

SIN PELOS EN LA LENGUA

Desde que comencé en el mundo de los autos, en el año 1982, siempre me he considerado un experto en publicaciones y labores periodísticas. He sido parte fundamental de revistas como Automundo, La Playa, Ritmo de la Noche, La Prensa en Miami Beach, y Conexión Argentina, todos ellos medios escritos que fueron muy exitosos. No puedo quejarme.

Años más tarde surgieron los sitios web. No estaba muy involucrado en esa área. No tenía el conocimiento, ni el deseo para desarrollarme en ese nuevo medio que despuntaba de manera digital. El arranque de esta nueva tecnología coincidió con mi elección de mudarme a la República Dominicana. Al mismo tiempo, empecé a escribir sobre autos para una compañía en Nueva York y poco a poco comencé a ganar algo de dinero como periodista freelance. En esa etapa, emergí desde cero, después de años de abundancia y fama en Miami.

Eventualmente, sí llegué a lanzar mi propio sitio web. Desde dicha plataforma, mi trabajo consistía en recibir autos de distintas marcas, probarlos y escribir sobre ellos. Lo interesante de tener tu propio lugar en internet es que también recibes dinero por la publicidad y que las empresas me enviaban carros para evaluar de forma gratuita cada semana. Me fue muy bien con esta idea.

Una constante en mi vida ha sido la aparición de detractores, esta vez debido a mi forma de ser y de comunicar: si algo no me gusta, siempre lo digo, ya sea sobre un auto o un restaurante. Sin embargo, hay personas que reciben autos de las compañías y siempre los describen como "lindos y perfectos" en sus reseñas. Al cabo de un año, esos mismos autos reciben numerosas críticas por problemas eléctricos, mecánicos y otros fallos. Pero para algunos, siempre son "lindos". Para mí, no es así. Lo malo es malo y lo bueno es bueno, no hay más. Es así de simple.

Estos detractores de mi idea de negocio realizaban videos o escribían artículos hablando mal de mí. A pesar de la envidia generalizada cada vez que tenía éxito en algo que emprendía, me queda la satisfacción de haber sido el primer latino en empezar un negocio relacionado con el tema de los autos en Estados Unidos.

Para darte un ejemplo de cómo se tergiversan los hechos y las palabras a interés, te cuento la siguiente anécdota.

En una ocasión, hice una broma relacionada con los homosexuales. Alguien que escuchó lo que dije, sacándolo de contexto, esparció el rumor de que yo era homofóbico. Siempre se encuentra este tipo de gente malvada, envidiosa, que realmente vive de eso, de decir: "bueno, vamos a ver cómo podemos joder a alguien que sabe de este negocio".

Yo realmente conozco el negocio de los automóviles. Pueden preguntarme cualquier cosa sobre autos, sobre carreras, sobre corredores, sobre récords, y te respondo con exactitud porque he vivido de este negocio gran parte de mi vida. A pesar de esto, no es mi conocimiento y mi honestidad lo que tiene peso, sino las opiniones falsas de los interesados en obtener de manera gratuita autos, cenas, invitaciones a eventos, viajes u otros favores. Esa clase de escritores se enojan cuando aparece alguien como yo: sin pelos en la lengua.

Además, cuando un argentino entra al mercado latino, suele destacarse. Creo que se debe a que acumulamos valiosas experiencias en nuestro país, lo que nos posiciona como algunos de los mejores creativos.

Lamentablemente, en mi negocio sigo enfrentando los mismos enemigos de siempre. No recibo muchas invitaciones a eventos desde que esa persona mandó aquel correo acusándome de discriminación y homofobia, aunque no era cierto. Afortunadamente, mis clientes habituales siguen conmigo: escribo para ellos, les mando mis artículos y todo marcha sobre ruedas. Sin embargo, siempre están ahí, como buitres, esas personas que, por mis éxitos, sinceridad y conocimientos, viven perpetuamente enojados conmigo.

CUANDO VISITÉ CUBA

Corría el mes de julio del 1999 y yo tenía ya mi revista Ritmo de la Noche, mientras aún me recuperaba del primer festival argentino, que me dejó en números rojos. En aquel entonces, no faltaban las invitaciones para viajar gracias a los artículos de turismo que escribía para la revista. Recuerdo esos viajes, no de dos o tres días, sino de una semana, a lugares maravillosos, siempre con invitaciones de primera clase.

Recibí una invitación para ir a Cancún, al Hotel Presidente, y la acepté sin dudarlo. Llegué bajo una lluvia continua, lo que no auguraba buenos días por venir. Mientras estaba en la habitación del hotel, llamaba a mi contestadora en Miami para revisar los mensajes. Aquel día fue muy movido, tuve que hacer como unas veinte llamadas.

Alrededor de las 7 de la noche, bajé al lobby y vi a un argentino gritándole al personal de recepción. "Ustedes son unos hijos de puta, me voy de acá", vociferaba. Me acerqué y pedí disculpas en nombre de mi compatriota por su comportamiento agresivo, tratando de suavizar la situación para evitar una mala impresión sobre nosotros. Sin embargo, su enojo era palpable, reclamaba que no le habían informado sobre los cargos por hacer llamadas desde el hotel.

Movido por la curiosidad con aquel comentario, le pregunté al recepcionista sobre mi situación, explicándole que estaba invitado por el hotel y que solo había hecho llamadas de acceso de una reconocida empresa telefónica estadounidense. Sin embargo, para mi sorpresa, me informaron que esos cargos correrían por mi cuenta.

"¿Cuánto sería en total?", pregunté.

"Son veintitrés accesos a 6.95, un total de 159.85 dólares", me respondió el chico de la recepción del hotel, con una calma que solo logró que me enojara, la sangre argentina hirviendo de indignación.

"¡Porque no te vas a la puta madre que te parió!", le grité.

El hombre al que le había pedido que se calmara inicialmente me miró, asintiendo enfáticamente: "Te lo dije, te lo dije. Estos tipos te cagan por todos lados. Yo me voy a Cuba, mejor".

"¿A Cuba?", le pregunté, incrédulo. "Estás borracho", comenté.

Pero él insistió: "No, yo voy siempre. Nos adoran allí, y no tienes idea de cómo están las mujeres con nosotros. Es como un harén con sol y mar".

"¿No es peligroso con todo el control que hay?", indagué.

"Ve y verás". Fue todo lo que me respondió.

Así que, a eso de las 9 de la mañana siguiente ya estaba en una agencia de viajes localizada a una esquina del hotel que ofrecía tres días y dos noches en un hotel de La Habana por solo 299 dólares.

Sin pensarlo mucho, unos días después ya abordaba un vuelo de Cubana de Aviación, un viejo avión que iba repleto.

La mayoría de los pasajeros eran cubanos que habían abandonado la isla tras la revolución y ahora regresaban para visitar a sus familiares. A mi lado se sentó una mujer con una pequeña jaula donde se apretujaban ajenos a todo el barullo un gallo y una gallina. Estaba sorprendido, sentimiento que se convirtió en estupefacción cuando la azafata le dijo a mi compañera de viaje: "Intente que no se escapen para evitar tener que perseguirlos por todo el avión. No sería la primera vez".

La voz del piloto anunció nuestra llegada, mientras la máquina voladora se prestaba a aterrizar. Al llegar a inmigración, había muchos hombres vestidos de militares, lo que me recordó a una época en Argentina y me dio un poco de miedo. "Aquí me encierran por anticomunista", pensé para mis adentros.

Le entregué mi pasaporte argentino (siempre llevo los dos pasaportes) al agente y le pedí por favor que no lo sellara. Era un hombre. Me miró y me dijo: "Bienvenido a Cuba, disfrute su estadía", devolviéndome mi pasaporte sin sellar.

No recuerdo el nombre del hotel donde me hospedé ese día, pero estaba ubicado en el Malecón de La Habana. Pedí un taxi que pasó por barrios que me parecieron muy pobres y al llegar al hotel, ya estaba oscureciendo. Dejé mis cosas y pregunté al personal de seguridad qué lugar podría visitar a esa hora.

Me indicó: "Siga recto por esta calle, que llega al centro y pregunte por La Bodeguita del Medio".

Salí y vi que esa calle no estaba muy iluminada y que la mayoría de los edificios parecían abandonados. Volví a entrar al hotel y exclamé un poco asustado: "Perdón, pero caminar por ahí parece muy peligroso".

"¿Peligroso?", exclamó con una media sonrisa. "Chico, aquí en Cuba, incluso en el peor barrio, no le pasará nada. La gente no asalta ni roba porque saben que es lo último que harán; lo más extraño que le puede ocurrir es que una prostituta lo aborde y le ofrezca sus servicios". Con esa tranquilidad, me dirigí caminando hacia el centro.

Después de una noche de tragos y diversión, me levanté tarde, lo que para mí significa alrededor de las nueve de la mañana. Bajé y pregunté por más lugares para visitar, y me indicaron que tomara el bicitaxi que estaba frente al hotel para recorrer La Habana. Acepté la sugerencia.

Dado que estaba un poco ajustado de dinero, le pregunté a mi chofer dónde se podía comer a buen precio, y me sugirió ir al barrio chino. Decidimos ir allí y lo invité a comer. Contento, me preguntó si tenía novia, a lo que respondí que no. Entonces me mencionó que tenía una prima que vivía cerca y que podía traerla si quería. Curioso, le pregunté si era bonita, a lo que él respondió que era la más guapa del barrio. Por supuesto, accedí a que me la presentara.

A los veinte minutos, regresó con una mujer hermosa que me dejó boquiabierto y me hizo pensar: "Adiós, Miami, me quedo en La Habana". Así comenzó de repente un romance de un día. Al día siguiente, semi enamorado de esa belleza, sentía la pena de tener que alistarme para ir al aeropuerto. Ella me pidió ayuda para salir de Cuba. Le contesté que buscaría consejo legal y me marché, con la esperanza de regresar la próxima semana.

Al día siguiente, en Miami, estaba en la entrada del Almacén El

Español, enviándole un poco de todo a la mujer que me había cautivado. De repente, me sentía como un cubano más, con familia en la isla.

Consulté con un abogado y me dijo que era prácticamente imposible sacarla de Cuba. Se podía hacer solo a través de Argentina y con muchos trámites y suerte. A pesar de las dificultades, me sentía atraído por ella y decidí intentarlo de todas formas. Una secretaria cubana del abogado me dijo: "Yo no pude traer a mi hermana, así que será difícil sacar a esa mujer".

A pesar de las advertencias, estaba decidido y compré otro boleto abierto a Cancún por un mes, y nuevamente me fui a Cuba.

La secretaria del abogado se había ofrecido durante mi visita a conseguirme un apartamento o habitación cerca de donde vivía su familia, en el barrio de Miramar, y que podría arreglar para que me recogieran en el aeropuerto. También me entregó un dinero para que se lo llevara a su hermana. Me mostró una foto de ella, borrosa y antigua. Me contó que tenía 29 años y que también era abogada, pero no ejercía; además, vivía con sus padres y demás hermanos.

Cuando llegué a La Habana y salí de inmigración y aduana, no vi a nadie que me estuviera esperando. Después de unos diez minutos, estaba a punto de tomar un taxi cuando apareció la hermana. "Disculpa, pero se nos averió el auto y tuvimos que repararlo en la calle", me explicó. Me quedé mirándola, como si estuviera perdido en alguna parte del universo. Años después, cuando vi la película "Habana" con Robert Redford, recordé ese momento, cuando su personaje ve por primera vez a Lena Olin.

La hermana era una verdadera diosa, tan hermosa que borró definitivamente la imagen de la mujer que con la que estaba a punto de encontrarme.

Ella me preguntó: "¿Qué te pasa? No me mires enojado".
Le respondí: "Enojado, ¡si al verte me quedé congelado en el tiempo!"
Ella sonrió y me dijo: "Pues vamos, mi hermano está afuera con el auto".

Así que salimos hacia otra aventura en La Habana y que todavía recuerdo como las mejores vacaciones de mi vida.

Hablar de Cuba en Miami es como referirse a la fruta prohibida.

Especialmente a la primera oleada que salió justo después del triunfo de la Revolución Cubana.

Luego está la segunda camada, conocida como la del Mariel.

Esta última fue particularmente diferente a la primera, ya que muchos de los "marielitos" que llegaron eran de un nivel socioeconómico y educativo más bajo, y algunos arribaron con antecedentes criminales y con intenciones de robar y causar problemas, tal vez replicando lo que hacían en Cuba, de donde habían sido expulsados.

Recuerdo a una persona que trabajó unos días conmigo, quien hoy es muy reconocida. No puedo decir su nombre, pero me contó que llegó a Estados Unidos en un barco sobrecargado de gente. La embarcación tenía una capacidad normal de quince o veinte personas, pero viajó junto a unas doscientas. Ella se quedó junto al capitán en la cabina durante todo el viaje con miedo al gentío que abarrotaba el bote. Esa fue la realidad de la inmigración del Mariel.

Me quedé en Cuba por veinte días y la pasé bárbaro, incluso fui hasta Varadero. Una vez, una chica me sugirió ir a Tropicana, un famoso cabaret. Fui y una de las bailarinas me dejó impresionado. Pedí conocerla y pasamos tres días juntos.

Cuba sería maravillosa si tuviera un gobierno democrático. Como isla, es realmente hermosa, pero está abandonada y anclada en el tiempo como si fuera Argentina en los años 50. Esto la hace atractiva para el turismo, pero la realidad es que la gente vive con muchas carencias, sin ropa y sin recursos.

Conocí a muchas chicas lindas, pero era muy difícil sacarlas de Cuba. Recuerdo a dos argentinos que lograron llevarse a dos chicas de Tropicana. Cuando llegaron a Argentina, las chicas engordaron tanto por la abundancia de comida que los hombres terminaron dejándolas.

NUNCA ME AGRADECIERON

En el 1998, asistí a una fiesta argentina en Miami. Se celebraba en un hotel del centro y, para ser honesto, era bastante deprimente, como la mayoría de los eventos organizados por mis compatriotas en la ciudad. Había algunos quesos y un poco de vino de una marca que estaba en promoción. Nada más. La música de fondo era de tango, el cual nunca me ha gustado. Siempre he sido más fanático del rock. Desde pequeño, el tango me pareció una música que deprime. Mi inclinación hacia el rock viene de mi padre, a quien le encantaba Frank Sinatra. Cuando Sinatra vino a Argentina, mi padre casi vende a mi madre para poder asistir a su concierto. Y lo hizo, ya que no se lo quería perder.

En la fiesta argentina en el centro me encontré con la secretaria de cultura del consulado y con el cónsul.

En un momento, me acerqué y les pregunté: "¿Para cuándo un festival argentino?"
El cónsul me respondió: "Kogan, usted realiza eventos, ¿por qué no organiza uno?"

Me sorprendió su respuesta, y la señora de cultura del consulado confirmó que contaría con su apoyo. Acepté el reto.

En los años 83 y 84 trabajé para una famosa marca de cigarrillos en el Carnaval de la Calle 8, y en el 85 me fui con otra marca que me pagaba mejor. Con ellos tuve la oportunidad de adquirir experiencia en la organización de festivales en todo el país.

En mi vida he hecho muchas locuras, y organizar un festival argentino era una de ellas. No creía poder conseguir patrocinadores importantes, ya que en ese momento no había tantos argentinos en Miami, y los pocos que había no formaban un grupo unido.

Al día siguiente, fui al Bayfront Park y sin pensarlo mucho lo alquilé para organizar el primer festival argentino en Miami.

Coloqué un anuncio en el mayor periódico de circulación de la ciudad, el cual ocupaba una página entera (para las locuras, ya te digo, yo era el indicado). Leía: "El 28 de abril primer festival argentino en Miami, Bayfront Park."

Tenía un gran amigo estadounidense, Tim, que amaba la cultura latina y trabajaba en festivales cerrados. Le pedí asesoramiento.

Durante esos días, me propuse tomarme el festival en serio y tratar de vender patrocinadores y stands, pero no hubo suerte. Ningún argentino quiso colaborar en esas áreas.

Un día, recibí una llamada de la representante de la cerveza más vendida en Argentina, quien hoy en día sigue siendo mi amiga. Me contó que la empresa quería participar del evento. Me pidió una propuesta económica y mi corazón se aceleró. Le dije que eran cincuenta mil dólares. Ella me aseguró que volvería a telefonearme.

Mientras tanto, también me encontraba en la ardua tarea de conseguir artistas argentinos para el festival, pero no tuve éxito. Hice innumerables llamadas a muchos managers en Buenos Aires, pero pedían una suma descomunal por venir: pasajes, hotel, gastos diarios y su cachet. La situación se veía complicada.

En una de esas llamadas de exploración e investigación, me topé con dos jóvenes, Matías y María, que se dedicaban a vender artistas poco conocidos. Ellos me aseguraron que podían traer varios y buenos grupos al festival por una suma razonable. Cerré el trato con ellos, y desde entonces siguen siendo mis amigos.

A los pocos días de empezar a darle forma al festival, volví a recibir la llamada de la representante de la empresa de cerveza argentina en la ciudad. Primero, me preguntó si estaba sentado, y luego, me soltó la noticia de que se había aprobado la propuesta económica de los cincuenta mil dólares. Grité de la emoción. Con el patrocinio asegurado, lo demás vendría rodando.

Puse manos a la obra para asegurar el apoyo de periódicos y emisoras de radio y televisión. Todo se estaba encaminando de forma positiva, excepto los participantes de los quioscos y un periódico argentino que se negó a colaborar.

Tuve que lanzar mi propio periódico para llegar a los argentinos que no estaban al tanto de los medios hispanos. Realicé un estudio sobre los medios que preferían los jóvenes mi país, que en su mayoría eran en inglés. Ninguno escuchaba salsa, merengue o cumbia; todo era rock y en emisoras estadounidenses, por lo que anuncié el festival allí.

La historia antes de la realización del primer festival es extensa, pero en Miami existía una sociedad argentina que realizaba un evento patriótico anual para personas mayores, quienes no eran el público objetivo del festival. Por cortesía, decidí llamar al vicepresidente de ese grupo, pero su respuesta fue desalentadora. Me dijo que yo no era nadie para organizar un festival argentino.

Mientras tanto, María y Matías ya tenían preparados los grupos y contaba con el presupuesto de la empresa de cerveza y otros patrocinadores más pequeños. Yo me centraba en darle promoción al evento.

Arreglé un intercambio con un hotel en Miami, cuyo dueño es un gran amigo y una persona fenomenal, para que los integrantes de los grupos musicales participantes se hospedaran allí. Algunos de los participantes eran: Los Pericos, los Ratones Paranoicos, los Twist, el dúo Man Ray y otra cantante, cuyo nombre no recuerdo. Yo ni siquiera sabía quiénes eran, pero según Matías, eran buenos grupos. Yo confiaba ciegamente en él.

Estaba utilizando todos mis ahorros y volviendo loco al gerente de mi banco con los sobregiros. Siempre me ayudaba, y las historias que tengo con él podrían dar para otro libro.

Faltando una semana para el festival, un representante de la empresa de cerveza me llamó desde Argentina para comunicarme que no me darían los cincuenta mil dólares, sino solo treinta mil. Enojado, y con una promesa de adelanto a mis suplidores de casi setenta mil dólares, fui a buscar el dinero prometido… y recortado.

Otro problema era que no conseguía a nadie que pusiera un puesto de chorizos, algo típico argentino. Encontré una pequeña empresa en Miami y les ofrecí el quiosco gratis para asegurarme de que el producto no faltara, pero no aceptaron.

Al final otro vendedor de chorizos, que estaba a punto de quebrar, decidió participar bajo las mismas condiciones: sin pagar un centavo por el quiosco. Lo mismo sucedió con la pastelería que tenía un local en Flagler y la 37.

El viernes anterior al festival, el Bayfront Park me solicitó treinta mil dólares por adelantado. ¿De dónde iba a sacar ese dinero? Y lo querían en un cheque de caja, si no, no habría festival. Fui al banco, pero ya tenía diez mil dólares de sobregiro y el gerente me dijo que era imposible. A pesar de mis ruegos, no claudicó.

Se me ocurrió entonces escalar el asunto y me dirigí a las oficinas del dueño del banco. Este hombre, uno de los cubanos más ricos de Miami, me conocía bien y, como judío que era, una vez me llevó en su avión privado a Fort Myers para que viera sus concesionarios de autos allí. En el avión me dijo: "Tienes vía libre con mi hija, sé que le gustas".

Hago un paréntesis para contarles sobre esta chica.

Este banco estaba justo enfrente de mi oficina. El dueño tenía varias sucursales y concesionarios de autos en la costa oeste de Florida. Un día, por casualidad, conocí a su hija. Aunque no me atraía en absoluto, ella estaba obsesionada conmigo.

Recuerdo que un día envió una cantidad enorme de flores a mi casa. A pesar de sus intentos, yo seguía sin sentir atracción por ella. Sin embargo, salimos un par de veces como amigos.

Un día, su padre, a quien apenas conocía más allá de los saludos ocasionales en el banco, me invitó a acompañarlo. Solía hablar más con el gerente del banco, quien siempre me ayudaba con mis problemas financieros. Pero aquel día, el padre de la chica me invitó a volar en su avión privado.

Acepté la invitación y, durante el vuelo, el hombre me dijo que aprobaba la relación con su hija. Me dijo que ella podía ser un poco descuidada, pero que era una buena mujer. En ese momento, yo sólo pensaba en la vida como una aventura constante, tanto en el amor como en otros aspectos. No era lo suficientemente inteligente para darme cuenta de que podía haber tomado un camino más estable. Podría haberme casado con ella y hoy estaría disfrutando de una vida cómoda, tal vez relajado junto a una piscina con vistas al mar en Miami. Sin embargo, mis gustos eran demasiado específicos. Buscaba algo muy particular y, al no encontrarlo, me mantuve solo. Dejé pasar buenas oportunidades porque no se ajustaban a mis expectativas. Esta situación con la hija del banquero es un claro ejemplo de ello: una chica de buena familia, con muchas cualidades, que no era lo que yo buscaba.

El gerente del banco una vez me dijo: "Si te hubieras casado con ella, hoy serías el presidente del banco". En retrospectiva, me doy cuenta de que, tal vez, ¿perdí una gran oportunidad?

Dejo de cavilar sobre ese mundo paralelo y vuelvo a mi historia del festival.

Subí a la oficina del banco y le rogué al dueño que me aprobara unos cuarenta mil dólares de sobregiro. Me preguntó qué whisky había bebido. Le dije que, si no podía cubrirlo, vendería mi apartamento en Brickell. Alegó que yo estaba loco. Le supliqué y finalmente, me contestó que lo pensaría.

Bajé y le aseguré al gerente que había convencido al presidente de hacer un cheque de caja por treinta mil dólares, y que él y otra persona del banco estarían como cajeros del festival, y los primeros cuarenta mil serían para ellos. Mentí, pero no tenía otra opción. El gerente no verificó la información y afortunadamente me entregó un cheque por la suma acordada. Corrí al Bayfront Park a hacer el pago requerido para evitar que cancelaran el evento.

Ya tenía todo listo.

Unas limusinas recogerían a los grupos al aeropuerto y los llevarían al hotel de mi amigo, excepto uno de los integrantes del grupo Los Ratones, que quería quedarse en otro hotel, donde me dieron un par de habitaciones de canje. También alojé allí a dos intérpretes de tangos.

El sábado, el día anterior al evento, el Cónsul me llamó y me dijo: "Kogan, aquí están el embajador y el secretario de turismo, y estamos muy preocupados. ¿Puedes pasar por mi casa?"

Quiero agregar, antes de continuar, que no recibí mucha ayuda del consulado argentino. Y que, además, me exigieron boletos VIP gratuitos para el evento. Tuve que improvisar y gastar más, armando un área exclusiva para ellos; oportunistas que obtuvieron entradas, bebidas y comidas sin pagar un peso.

Desde que entré al apartamento del cónsul, me abordó sin rodeos y con cara de pocos amigos me espetó: "Kogan, mañana no va a ir nadie y tú sigues anunciando". Añadió que lo que haría al día siguiente sería una vergüenza para la comunidad. El embajador, un hombre simpático, y el secretario de turismo le pidieron al cónsul que esperara para ver qué sucedería al día siguiente. Sin embargo, él insistió: "Pero todos los que conozco no tienen interés en ir". Y yo le respondí: "Quizás los que asistan sean personas que usted no conoce".

Entonces, el embajador, intuyendo la tensión en el ambiente, expresó: "Enrique, manda a alguien a buscarnos mañana; iremos a apoyarte." Yo acepté y coordiné para que el chofer de las limusinas pasara por ellos a las 6 de la tarde del día siguiente.

Y así, llegó por fin el Día. No, no era el desembarco en Normandía, era el Primer Festival Argentino en Miami.

Desde las 6 de la mañana estábamos allí, María, Matías, y todo el equipo de trabajo. La cervecería llegó con un batallón de personas y banderas que decoraban todo el evento. Todo se iba preparando bien. Mi amigo Tim vino desde Chicago para echarme una mano. El día estaba hermoso, la gente llegaba para alistar sus quioscos y todo iba viento en popa.

Había comprado una página en el principal periódico de la ciudad y tuve la suerte de que apareciera en la página tres. Desde que abrías el periódico ahí estaba: "Hoy, Cerveza Tal, presenta el primer Festival Argentino en Miami". El anuncio era hermoso: toda la página estaba dedicada a un collage con una pareja bailando tango y los nombres de los grupos musicales participantes. Rock, pop, tango, folklore, parrilla, empanadas, dulce de leche, alfajores; todo estaba representado en ese anuncio. Ahí estaba plasmada toda mi pasión.

A las 11:30 de la mañana, listos para la apertura en media hora, me hicieron una llamada de un número que no conocía. Del otro lado escuché: "Pelotudo, métanse los chorizos por el orto, porque no va a ir nadie al festival", y luego cortaron.

La depresión que sentí en ese momento fue enorme. ¿Cómo podía haber gente tan envidiosa y mala? Me senté en una esquina, casi como si estuviera muerto después de esa llamada. En ese momento, un amigo español que me ayudaba con el festival vino hacia mí.

"Enrique, María está gritando desde la puerta de entrada".
"¿Qué pasa?", le hice señas para que me respondiera.
"No sé", insistió él. Caminamos hacia la puerta, yo me sentía como si hubiera perdido al amor de mi vida. Entonces, divisé a María corriendo hacia mí, emocionada.
"¿Qué pasa?", logré balbucear con el corazón en la mano.
"Ven, ven, mira", exclamó mientras corríamos juntos hacia la puerta.

Cuando llegamos, vi una fila enorme. Había unas setecientas personas con banderas argentinas, tambores y camisetas de equipos de fútbol. No podía creerlo. Todos gritaban el clásico "¡Vamos, vamos Argentina!"

En ese momento, me eché a llorar como
un niño, apoyando mi cabeza en el
hombro de María.

Había tenido todas las adversidades posibles, pero ahí estaba, el primer festival argentino, lleno de colores vibrantes y con una asistencia que parecía un partido entre River y Boca. La televisión había llegado para grabar. "Señores, estamos en el Primer Festival Argentino en Miami", anunciaban, "ustedes no pueden creer las colas para la parrillada", y la cámara seguía a la gente que, en la fila, disfrutaba de la música.

A última hora dando una vuelta, pasé por la parrilla. El quiosco de los chorizos estaba tan ocupado atendiendo a los clientes que no sabía dónde poner tanto dinero. El dueño me abrazó y me dijo: "Me salvaste, hermano". No le pregunté cuánto vendió, pero sé que estaba desbordado y tuvo que hacer varios viajes para no quedarse sin chorizos.

Al día siguiente, tanto la cerveza como los chorizos estaban siendo más solicitados que nunca en todos los mercados. En la tarde, a eso de las 6:30, llegó el cónsul con sus acompañantes. "Parece que te fue bien, Kogan", me dijo en tono pedante, y por respeto, no lo insulté allí mismo.

El animador del evento se acercó y le pidió al cónsul decir unas palabras. En su lugar, subió el embajador. El animador le gritó a la multitud: "Muchachos, el embajador quiere decirles unas palabras". Y como en un partido de fútbol, la gente empezó a gritar "hijo de puta, hijo de puta...".

El animador tomó de nuevo el micrófono y añadió: "Muchachos, el embajador viene a darles la visa", y ahí todos empezaron a echarle porras: "¡Embajador, embajador...!" Fue un momento de locura.

Tanto los que hacían alfajores, así como los de la pastelería, vendieron todo.

Nunca agradecieron.

Al otro día fui al banco para cubrir lo que faltaba. Los grupos, María y Matías cobraron de lo que se recaudó en la puerta. Por mi parte, no gané ni un centavo, pero la satisfacción nunca me la podrán quitar.

UNA CONSTANTE EN MI VIDA

En cada país hay gente buena y mala, pero yo no he tenido suerte con la mayoría de los míos. Desde muy joven, tenía mis sospechas en cuanto a la actitud negativa de algunos argentinos, pero todo lo sucedido durante las distintas ediciones del festival corroboró mis dudas.

A lo largo del camino, siempre he tenido contratiempos con mis compatriotas.

El primer problema serio que enfrenté fue muchos años antes de dicha actividad, cuando uno de ellos intentó denunciarme ante inmigración.

La segunda vez significó un gran traspiés económico. Sucedió cuando una aerolínea de Argentina me contactó para que les ayudará a conseguir una agencia de publicidad. Yo conocía algo del tema, había estudiado en Miami y tenía ya cierta experiencia en publicidad y marketing, por lo que me propuse como opción. Me ofrecieron la oportunidad de ganar un millón de dólares si hacía una buena presentación para convencerlos. Así que invertí mucho dinero en una oficina en la esquina de Lincoln y Washington, contraté a seis chicas como secretarias y preparé todo para impresionar al representante de la aerolínea.

Cuando vino el hombre, acompañado por un español, le mostré la agencia. Me había gastado sesenta mil dólares en la preparación y todo pareció ir bien. El hombre quedó satisfecho con lo que vio y me aseguró que firmaría el contrato al regresar a Argentina. Pasaron meses sin noticias ni contrato alguno. Mientras tanto, mantuve la oficina y las secretarias con el dinero que ganaba de Automundo. Al final, la aerolínea no cumplió su promesa de contrato y solo me asignó unos pocos anuncios, lo cual resultó ser un desastre.

Ambas experiencias, protagonizadas por compatriotas, me dejaron una sensación amarga.

Desfavorablemente, los retos persistieron y fue más fuerte que nunca con el festival argentino que organicé por varios años. El cual por cierto, y a pesar de los contratiempos, siguió recibiendo miles de participantes cada año.

En una ocasión surgieron unos correos electrónicos emitidos por argentinos alertaban a no asistir al festival porque inmigración vendría a llevárselos.

Uno de mis mayores
emprendimientos

Aventura en Rio de Janeiro

Con Olga Guillot

En mis oficinas

Durante mi vida en Miami, me codeé
con grandes artistas. Aquí con El Puma

Como decía mi madre: "la vida es una
fiesta"

Disfrutando de las noches mágicas de
Miami. Aquí con el actor Steven Bauer

Con Celia Cruz y Olga Guillot

Automundo me dio
muchas alegrías

Con mi hermosa madre

Con el ex presidente Bill Clinton

Negociando y organizando festivales

"En noviembre, habrá rock"

Si, siempre habrá rock

Mi presente está lleno de viajes. Hasta el momento he visitado 61 países.

Contraataqué enviando un correo con la siguiente respuesta: "Sí, señores, estamos de acuerdo, va a venir inmigración. Van a llegar unos quinientos autobuses a Biscayne Boulevard que se llevarán diez mil almas a un campo de concentración que van a hacer en los Everglades solamente para los argentinos. No habrá ningún problema con la cancillería, ningún problema con la embajada, nadie se va a quejar. Nunca en la historia de los Estados Unidos, inmigración ha ido a un festival a buscar a nadie. Si usted es tan idiota de pensar eso, no vaya porque no se merece disfrutar un festival argentino". Ese mensaje lleno de sarcasmo, fue efectivo. El festival fue un éxito, atrajo al público y superó los rumores.

Siempre hubo desafíos inesperados durante las preparaciones del festival, y uno de los más recordados fue el de un supuesto periodista que vino desde Washington. Este hombre, aparentemente de nacionalidad argentina, cuando llegó, intentó ingresar sin pagar diciendo que trabajaba para un periódico. La chica en la puerta, encargada de verificar las acreditaciones, le pidió su tarjeta de prensa. El hombre no tenía ninguna y dijo que su publicación era en línea. Dio el nombre, pero no pudo presentar ninguna evidencia concreta. Al buscar en la computadora, no encontraron referencia a dicho periódico. A pesar de sus excusas, la chica mantuvo su posición e insistió en que debía pagar la entrada.

El hombre se molestó tanto que escribió una nota negativa sobre mí y el festival, la cual apareció en un periódico cuyo nombre no recuerdo, criticando la organización e instando a la gente a no asistir en próximas ediciones. Aunque su influencia fue mínima, este tipo de situaciones reflejaba la actitud de algunos que parecían empeñados en ver fracasar el festival.

Incluso había grupos que organizaban eventos alternativos, el mismo fin de semana del festival, con el único objetivo de desviar la atención y asistencia. Sin embargo, mi confianza en el festival nunca flaqueó. Desde la primera edición todo se preparaba para recibir a la comunidad y demostrar que, a pesar de los obstáculos y la mala voluntad de algunos, el festival argentino podía ser un evento del cual sentirnos orgullosos.

Recuerdo también el incidente con uno de los representantes de los alfajores más conocidos de Argentina, quien hoy en día es un empresario exitoso en Miami, dueño de varias carnicerías y restaurantes. En el primer festival no quiso gastar en publicidad. A pesar de vender todos sus productos en el evento, decidió no volver en ediciones siguientes, argumentando que no quería que otros ganaran dinero.

Cada año, organizar esta actividad era
una batalla constante contra la oposición
de algunos de mis compatriotas.

También, el festival presentaba a los mejores artistas de Argentina, pero los medios argentinos no mostraban interés en destacarlo. Solo los medios locales apoyaban el evento, generalmente gracias al aprecio personal de alguna persona en particular hacia el festival. Mi experiencia en la organización de eventos de este tipo se había originado un tiempo atrás, incluso trabajando para marcas reconocidas, donde aprendí cómo atraer al público adecuado y entender el mercado, sin embargo, era un novato sobre música argentina. Afortunadamente, tuve grandes mentores como mis amigos, María y Matías. Gracias a ellos, pude traer a artistas importantes y entender mejor el panorama musical de mi patria.

Por otro lado y a pesar de los esfuerzos y los logros, nunca recibí una carta de agradecimiento del consulado argentino. Los mismos que, irónicamente, me llamaban para pedir tickets VIP, solicitando un trato especial que incluía bebidas y alimentos de alta calidad para sus invitados.

A pesar de satisfacer sus demandas, jamás obtuve de los representantes de esta institución un reconocimiento formal. Irónicamente, mientras enfrentaba boicots y desdén por parte de algunos de mis compatriotas, las empresas internacionales me apoyaban sin reservas.

Esos argentinos envidiosos (que no son todos, para no generalizar), lamentablemente, mostraron una desidia palpable hacia mis esfuerzos. Personas a quienes había ayudado a establecerse en Miami también me traicionaron. Un amigo que se hospedó en mi casa y que escribía para una de las revistas más importantes de Argentina nunca mencionó el festival en sus columnas, a pesar de cubrir con ímpetu otros temas triviales.

Después de muchos años exitosos organizando el festival argentino, surgió la competencia. A partir del 2000, comenzaron a llegar más argentinos a Miami, y con ellos, personas o grupos que intentaban imitar mi éxito. Sin embargo, en lugar de colaborar, se dedicaban a hablar mal de mi festival, desalentando a la gente de asistir y prediciendo el fracaso.

Llegó el punto en que decidí no continuar con el festival y se lo vendí a un hombre que criticaba mis decisiones, especialmente por no incluir más grupos de folklore, aunque este género no atraía a grandes multitudes. Mientras yo lograba convocar a quince mil personas, quien compró el festival apenas logró reunir a cuatrocientas personas, y después de eso, el festival dejó de realizarse.

Llevar a cabo una actividad de esta magnitud no es una tarea fácil; se necesita experiencia y conocimiento del público. Por ejemplo, un organizador que intentó hacer un festival argentino después del 2010 no sabía que debía pagar cuarenta mil dólares en efectivo una hora antes de abrir el evento. Al no tener esa suma, el festival nunca se realizó.

Realizar un evento exitoso no es un juego; requiere planificación y recursos.

Hoy en día, casi no se realizan festivales en Miami debido a los altos costos de vuelos y hoteles, lo que dificulta traer a los artistas. Además, no se puede contar con el apoyo de los patrocinadores argentinos, que nunca han estado presentes ni han mostrado interés en apoyar estos eventos.

A pesar de todos los desafíos y la falta de soporte, los festivales argentinos que organicé en Miami fueron un éxito gracias al esfuerzo, la experiencia y el favor de aquellos que creían en el proyecto. La envidia y la competencia desleal siempre estuvieron presentes, pero eso no impidió que lograra crear eventos memorables para la comunidad argentina en Miami.

La rivalidad y el resentimiento mutuo dificultan la cooperación y el progreso. Esta actitud negativa se refleja en muchos aspectos de la vida argentina, desde la política hasta el deporte, donde las peleas entre grupos rivales son comunes. Siempre he creído que Argentina tiene un potencial enorme, pero su verdadero obstáculo es la falta de unidad y el odio. Mientras esta mentalidad prevalezca, el país seguirá enfrentando dificultades para avanzar y prosperar como una nación cohesionada.

CAPÍTULO
IV

Y habrá rock

DE FESTIVALES A ROCK

En 2001, ya estaba planeando el tercer festival argentino en Miami. La cerveza más vendida en Argentina había sido el patrocinador principal de los dos primeros eventos, así que fui a ver a su distribuidor para asegurar su participación en el tercero. Me pusieron en contacto con la oficina principal en Argentina. Para mi sorpresa, su respuesta fue desalentadora y arrogante.

"Flaco, la gente va al festival por la cerveza, no por los grupos que participan", me dijeron. "Este año te vamos a proporcionar algo de cerveza, pero nada más".

Les expliqué que necesitaba su patrocinio completo, pero me reiteraron que no estaban dispuestos a proporcionar dinero en efectivo. Con solo un mes de plazo, parecía casi imposible encontrar otro patrocinador de cerveza dispuesto a ofrecer diez mil dólares.

Parecía un déjà vu: el primer año me prometieron cincuenta mil dólares y solo recibí treinta. El segundo año, la colaboración fue de diez mil dólares. ¡Y ahora solo me ofrecían cerveza! Pensé que eran unos hijos de puta.

Les rogué… y nada.

Entonces lancé la pregunta: "Y si consigo otra cerveza que patrocine, ¿ustedes no se enojan?"

"Flaco, nadie te va a patrocinar, y agradece que te damos unas cajas de cerveza", me respondió el representante de la empresa.

Salí de la distribuidora maldiciendo mi mala suerte, cuando escuché sonar mi teléfono móvil.

"¿Quién es?", atendí de mala gana. Al otro lado de la línea, el hombre mencionó su nombre y agregó que representaba a una marca de cerveza muy famosa en Estados Unidos.

"Me interesaría saber si todavía hay posibilidad de patrocinar el Festival Argentino."

En ese momento, mi corazón dio un vuelco y detuve el auto.

"Perdón, ¿dónde está su oficina?", pregunté. Me dio su dirección.
"¡Estoy cerca! ¿Puedo pasar?", propuse.
"Sí, ven", accedió el hombre.

Cuando llegué, me recibieron con la misma pregunta sobre cuál era la marca de cerveza que nos patrocinaba esta tercera edición del festival. Fue entonces cuando decidí arriesgarme y confirmar el nombre de la marca.

"Sí, aún tengo el mismo patrocinador de los dos años interiores. Pero ¿no estarían interesados en patrocinar otra idea que tengo, que podría ser beneficiosa para ustedes?", expresé.
"¿Qué idea?", pregunto curioso el representante.
"Un festival de Rock Latino", respondí.

Él opinó que era una buena idea, pero mencionó que ya habían realizado uno que resultó ser una catástrofe.

Recuerdo que objeté: "Si no le ponen el corazón, siempre será un fracaso".

La frase conmovió al representante y me preguntó: "¿Cuánto te ha dado la cervecería para el festival?"

Fue entonces cuando decidí jugármela: "Setenta y cinco mil dólares".

El hombre puso una expresión extraña y llamó a su jefe. Hablaron durante un buen rato en voz baja. Cuando colgó, me dijo: "Solo podemos ofrecerte cincuenta mil dólares, pero si todo sale bien, te apoyaremos con el festival de rock y seguiremos respaldando el festival argentino".

Aunque tenía muchas ganas de gritar de alegría, sabía que tenía que mantener la compostura.

"Acepto la oferta", finalicé, tratando de no mostrar mis verdaderas emociones.
"¡Genial!", exclamó el hombre. Luego me preguntó si necesitaba un depósito. Le dije que estaría bien recibir la mitad por adelantado.

Lo demás es historia. El festival fue un éxito rotundo y fue aclamado como el mejor festival de Miami, siendo la única vez que un evento latino ganó ese título.

Esta empresa continuó apoyándome en todos mis emprendimientos. Nunca dejaré de agradecerles.

En cuanto a la empresa de cerveza argentina, dos días antes del festival me llamaron con arrogancia para preguntarme dónde podían colocar las cajas de cerveza que iban a suplir para el evento.

Me di el gusto de responderles: "He seguido sus consejos y conseguí otro patrocinador de cerveza."
"¿Qué?", pude notar el desconcierto y confusión en el tono de voz al otro lado.
"Sí", reafirmé, "seguí el consejo y busqué otro patrocinador, así que tu marca no participará de este festival."
"No, no seas así", suplicó el hombre. "¿Cuánto dinero quieres, amigo?"

Mis últimas palabras antes de cerrar la llamada fue que podía meterse sus cervezas por el culo.

Al rato, me llamaron desde Argentina preguntando: "Flaco, ¿qué pasó? Me informan que sacaste nuestra cerveza del festival. Nosotros ya tenemos los pasajes con todo el equipo para ir".

"¿Querías ir de gratis al festival? Pues no. Toma a otro de boludo".
"Dime cuanto quieres."
"Nada."
Y colgué. No volví a responder sus llamadas ese día.

Al día siguiente, cuando llegué a la oficina, la secretaria me informó que tenía varias llamadas urgentes desde Argentina. Le pedí que les dijera que me había ido de crucero, pero las llamadas no cesaron hasta que una de ellas fue del mismísimo presidente de dicha cervecería. Decidí tomar la llamada.

El empresario me expresó su preocupación por el patrocinio en mi festival, que iba a ser televisado y me preguntó cuál había sido el contratiempo que me hizo cambiar de opinión. Le expliqué lo sucedido. Él me aseguró que habían asignado una cantidad considerable de dinero para todo el evento, incluido el patrocinio. Sin embargo, yo le comenté que su equipo solo me había prometido enviar unas cien cajas de cerveza.

"No puede ser", exclamó el presidente.

Agradeció la información y cortó la llamada.

Después me enteré, no sé si sea cierto, de que las personas encargadas de desembolsar el dinero del patrocinio lo estaban usando para viajar al festival y a Miami en primera clase, además de llenarse los bolsillos. Fueron despedidos sin miramientos.

Recuerdo claramente el momento más memorable de ese festival del 2001, que creo que fue el más destacado de todos: Guillermo, del grupo La Mosca, subió a uno de esos gigantescos parlantes de sonido y comenzó a cantar: "Todos tenemos un amor que nos complica la vida, todos tenemos un amor que se llama Argentina".

La nueva empresa de cerveza patrocinadora no podía creer lo que veía: un lugar abarrotado, la entrada al parque bloqueada por la policía. Cuando se marchaba, el representante con quien había negociado me aseguró:

"En noviembre, habrá rock".

ROCK EN MIAMI

Después del éxito rotundo del tercer festival argentino, que incluso fue declarado el mejor festival de Miami por prestigiosos medios, decidí aventurarme en un nuevo proyecto: el festival de rock. El reconocimiento de aquella última edición me dio la confianza y la motivación necesaria para emprender este desafío.

Registré el nombre "Rock en Miami" y comencé a planificar el evento con una estrategia clara: traer a los mejores grupos de rock de Latinoamérica. Aprendí de mis experiencias anteriores que la selección de bandas era crucial para el éxito del festival. Así, contraté a Los Piojos, una de las bandas argentinas más populares, y a los Enanitos Verdes, un grupo de pop-rock que tenía una gran base de seguidores.

Para diversificar la oferta y atraer a un público más amplio, también incorporé bandas de otros países. Consulté a amigos mexicanos y colombianos sobre sus preferencias musicales y descubrí que, en México, el grupo de rock más seguido era El Tri, liderado por Alex Lora. Así que lo contraté junto con Rata Blanca, una banda argentina de heavy metal.

El primer festival de rock en Miami fue un éxito colosal con una asistencia de más de diez mil personas, un número impresionante comparado con los novecientos asistentes de un intento anterior de festival de rock organizado por promotores americanos, que había fracasado estrepitosamente.

El triunfo fue de tal magnitud que hasta los periódicos locales, como el Miami Herald y el Sun Sentinel, cubrieron el evento con titulares como "El día que el rock reinó en Miami". Los asistentes quedaron asombrados por la calidad y la energía del festival, y los músicos, como el vocalista de los Enanitos Verdes, no podían creer la dimensión del público.

Tras varios años de éxito continuo, esta actividad en Miami se consolidó como el festival de rock latino más grande de Estados Unidos. En un punto, un inversor inglés se interesó en comprar el nombre y la marca del festival, lo cual me permitió retirarme de la organización de eventos. Ya había vendido el festival argentino y estaba listo para dejar atrás los constantes problemas que enfrentaba con esta tarea titánica.

Como te conté antes y quiero recalcarlo, la envidia, la discriminación por ser latino y la competencia eran constantes, y siempre encontraba personas tratando de desacreditar mi trabajo. Esto sobrepasaba el apoyo y la confianza que recibía de otras empresas y personas.

Otra razón de mayor envergadura, me convenció finalmente de enfocar mis energías hacia otras direcciones.

Movido por el éxito del primer festival de rock, planeé, con el apoyo de mi principal patrocinador, expandir la actividad a Fort Myers, Tampa, Orlando, y repetir en Miami. Sin embargo, el huracán Wilma golpeó justo antes de las fechas programadas, afectando gravemente los eventos. A pesar de la presión para cancelar, decidí seguir adelante.

Gloria Trevi, quien acababa de salir de la cárcel, me elogió públicamente por mi decisión comentando en la prensa: "Para mí no hay poquita gente. Hay gente. No porque haya más o menos gente se hace un espectáculo más o menos bien", indicó. "El empresario (Enrique Kogan) cumplió con su público. Esta ciudad ha pasado por una catástrofe y por situaciones muy difíciles y el empresario no se rajó. Hay que tener huevos para eso".

El evento de Miami solo contó con una asistencia de dos mil personas y en Tampa fue un fracaso total con solo doscientos asistentes en un recinto para mil quinientas personas, ya que el famoso grupo mexicano que contraté y pagué por adelantado, no quiso aparecer por el tema del huracán. El evento en Orlando fue mejor, pero, aun así, enfrentó la ausencia de un grupo muy conocido mexicano que había cancelado.

Estos hechos me llevaron a la conclusión de que organizar festivales latinos en Estados Unidos era extremadamente arriesgado. Los festivales americanos generalmente aseguraban de tener el dinero de los patrocinadores garantizado, mientras que los festivales latinos dependían en gran medida de las entradas vendidas en la puerta. Cualquier imprevisto, como la lluvia o un huracán, podría significar pérdidas enormes. Además de los recursos financieros, esta actividad depende de la pasión, la dedicación y el deseo de superar los obstáculos impuestos por la competencia.

Así que en conclusión, fueron los desafíos y las pérdidas financieras los que finalmente me llevaron a vender ambos festivales. A pesar de ello, siempre recordaré con orgullo el impacto cultural que tuve en la comunidad latina de Miami.

Aunque ya no estoy en ese negocio, el legado perdura.

IDEAS MARAVILLOSAS, PERO...

Cuando tenía mi oficina en Miami Beach, publiqué una revista llamada La Playa. Un día se me ocurrió una idea para atraer más turistas a Miami, que en esa época no tenía la misma popularidad que tiene ahora. Miami necesitaba algo diferente, algo que ofreciera una experiencia única.

Pensando en cómo lograr esto, se me ocurrió una idea similar al parque Epcot en Orlando, pero con un enfoque diferente. Así nació la idea de "Viva América Latina Park". Hice una presentación, contraté a alguien para hacer una maqueta y redacté una propuesta detallada en inglés. Necesitaba un terreno de al menos doscientos acres para llevar a cabo este proyecto.

La idea era que los visitantes llegaran al parque y tomaran un tren llamado "American Airlines Express" (ya que American Airlines recién había adquirido Eastern). El tren haría paradas en diferentes secciones del parque, cada una representando un país de Latinoamérica. Cada parada ofrecería gastronomía y calles recreadas para parecerse a las de Buenos Aires, Lima, el centro de México, entre otras.

Contraté a una persona en Canadá, especializada en este tipo de proyectos, y cubrí todos sus gastos para que me ayudara con la presentación. Estaba bien económicamente en ese momento y realmente creía en esta idea. Sin embargo, cuando presenté el proyecto ante los comisionados de la ciudad, ninguno mostró interés. Calculamos que el costo del proyecto sería entre 1.5 y 2 mil millones de dólares, incluyendo el terreno. Necesitábamos que el condado de Miami-Dade nos proporcionara el terreno para poder buscar inversionistas.

Recuerdo haber hecho una carpeta de presentación y registrado el nombre del parque. Hice varias copias y las entregué personalmente a cada comisionado. Uno de ellos me llamó y me dijo: "Enrique, la idea es maravillosa, pero siendo argentino, será difícil que aprueben un proyecto como este." El comisionado era cubano y me explicó que había muchas consideraciones políticas y culturales en juego.

El único lugar que podría haber albergado el parque era Homestead, pero estaba demasiado lejos. Además, otras áreas estaban siendo reservadas para futuros aeropuertos o eran parques nacionales intocables.

Luché mucho por esta idea, pero al final no se concretó.

Hoy en día, Miami es una ciudad vibrante, llena de lugares para comer y entretenimiento, pero carece de un parque de atracciones familiar como el que yo imaginé.

BYE BYE, MIAMI

Una de mis mejores épocas fue en los años 90 viviendo en la ciudad de Miami. Al principio de esa década, tenía la revista Automundo, una agencia de publicidad en Miami Beach, un pequeño periódico (más tarde lancé la revista La Playa), y Automundo en Puerto Rico.

Disfrutaba mucho residir en un hermoso departamento en el mismísimo Miami Beach. Casi a diario, recibía la visita de alguna chica impresionada por la vista a la playa, y casi siempre esas visitas terminaban en la cama. Aquellos ventanales amplios que mostraban la grandeza de Miami eran una especie de éxtasis para cualquier mujer. Ningún vino caro o trago exótico puede reemplazar la belleza de un mar hermoso y azulado que puedes divisar desde tu sala o habitación.

Pero todo tuvo un final cuando vendí Automundo y perdí la edición de Puerto Rico debido al huracán Hugo, que dejó la isla patas arriba. La agencia y la revista La Playa, que fue un éxito al principio, ya no funcionaban como antes. Así que decidí vender todo y emprender nuevos caminos, mudándome a otro departamento en Brickell, donde no me faltaba el mar pues se divisaba la bahía de Biscayne.

El cambio fue duro para mí, pero necesario; amaba Miami Beach. Mi nuevo hogar nunca fue nada glamoroso, pero sí divertido. No costaba casi nada tener una lancha amarrada ahí, y en el área de la piscina siempre aparecía alguna mujer hermosa a la cual impresionar.

Fue viviendo en Brickell cuando me puse a trabajar en una nueva idea y lancé la revista Ritmo de La Noche, la cual fue un éxito total desde su aparición. Me encantaba organizar una fiesta con cada edición, como lo hacía con la Revista La Playa, y en cada evento aparecía una celebridad. En una de ellas conocí a un actor muy famoso en aquel entonces. Intercambiamos teléfonos y nos convertimos en buenos amigos, saliendo a divertirnos todas las noches. Las mujeres se nos acercaban constantemente. Eran épocas de playboy que recuerdo como gloriosas.

Uno de los mejores momentos fue cuando abrieron un espectacular restaurante brasileño que se desbordaba de gente cada noche. Su barra y lounge eran el lugar de encuentro de las mujeres más bellas de Miami. Estas damas salían de sus oficinas en Brickell para disfrutar de un trago y ver qué encontraban en ese ambiente. Y ahí estaba yo, como un cazador furtivo.

En este restaurante conocí a abogadas, contadoras, ejecutivas y corredoras de bolsa; todo un desfile de mujeres hermosas, inteligentes y profesionales. Cada semana asistía a un evento de gala en Miami o a mi happy hour en el restaurante brasileño. Allí pasé los mejores momentos de mi vida.

Miami siempre ha sido un paraíso de la corrupción, y uno tenía que aprovechar la buena vida mientras mantenía un ojo abierto, por si acaso, ya que podías encontrarte en situaciones peligrosas sin siquiera darte cuenta. Hoy en día, la ciudad ha cambiado.

Al igual que en el final de la película "Casino", donde narran la transformación de la ciudad, de estar dominada por las mafias a ser controlada por grandes corporaciones, Miami ha pasado de ser un destino turístico de vida nocturna desenfrenada a ser una ciudad donde el dinero fluye sin que nadie sepa realmente de dónde proviene.

La ciudad experimentó un brusco cambio desde los atentados del 11 de septiembre, cuando los neoyorquinos, descontentos, decidieron abandonar su ciudad y transformaron a Miami en una alternativa. Los nuevos ricos han desplazado a aquellos que nacieron y crearon la Ciudad del Sol.

El Miami que adoro, fue ese, el de la década de los 80 y los 90, donde para vivir bien tenías que luchar duro o hacer algo ilegal. Yo luché duro. Pero todo tiene un final. Fue luego de la recesión del 2009 cuando Miami pasó a un segundo plano para mí.

Aunque nunca he dejado de decir:

"I love Miami".

CAPÍTULO
IV

En una vida loca no pueden faltar mujeres

MI VIDA, UNA DIETA

Siempre he asegurado que mi vida ha sido una dieta constante. Desde joven, me cuidé mucho, y todo empezó por una razón muy simple. Por supuesto, a causa de una mujer. Cuando tenía 14 años, conocí a una chica en el club Atlanta de Buenos Aires, donde solía nadar. Se llamaba Laura y me encantaba. Un día, le dije que era muy linda y le pedí un beso. Ella me miró y dijo: "Sí, pero tienes pancita. No me gustan los chicos con pancita".

¡Eso fue un golpe duro! Yo pensaba que no tenía pancita, pero decidí hacer algo al respecto. Descubrí que hacer abdominales con una ruedita y comer ensaladas con carne magra era la clave. Me puse a hacer ejercicios y a seguir esa dieta estricta. En dos meses, no tenía ni un gramo de grasa, y Laura me dio ese beso tan esperado. Eso marcó mi vida y me enseñó a mantenerme en forma.

En Estados Unidos, es fácil engordar con toda la comida procesada. Siempre iba al gimnasio y me cuidaba, pero a veces las tentaciones eran grandes. En los años 90, cuando tenía revistas como La Playa y Ritmo de la Noche, hacía muchas reseñas de restaurantes. Cada noche visitaba uno nuevo en Miami Beach, y mi barriga empezaba crecer y a notarse.

Recuerdo que conocí a una brasileña que me señaló que estaba un poco gordito. No podía soportar esa idea, así que me puse a buscar soluciones.

En esas pesquisas encontré a otra brasileña que me vendió unas pastillas para adelgazar provenientes de Brasil. Empecé a tomarlas y, en solo dos días, perdí el apetito por completo. Durante treinta días, no tuve hambre y bajé 15 kilos. Me debilité tanto que mis amigos pensaban que estaba enfermo.

Al leer en el periódico sobre una mujer que tuvo un infarto por esas mismas pastillas, me asusté y dejé de tomarlas. Recuperé todo el peso perdido en poco tiempo y me di cuenta de que las pastillas no eran la solución.

Durante la pandemia, estaba en República Dominicana, aburrido, así que me grabé bailando. Al ver el video, me di cuenta de que estaba gordito otra vez. Volví a la dieta de ensaladas con proteínas y ejercicios intensos, y en seis meses bajé 15 kilos nuevamente. Esta vez, me comprometí seriamente con la dieta y el ejercicio.

Hoy en día, me mantengo en un peso saludable de alrededor de 88 kilos. He aprendido que la mejor manera de estar en forma es hacer ejercicio regularmente y comer sano, evitando grasas y azúcares. Las dietas milagrosas y las pastillas no son la solución. La verdadera clave está en la constancia y el compromiso con un estilo de vida saludable.

La pandemia me enseñó mucho sobre la importancia de cuidar de uno mismo. Ahora me siento mejor que nunca y estoy agradecido por haber aprendido esta valiosa lección.

Pero no siempre fue así, como verás en la siguiente historia.

Hubo una época que por tanto trabajo que tenía, empecé a comer de más. Y realmente sí me sentí más gordito. Por esos días, salí con un bombón que no veía desde hacía rato.

Ella me miró de arriba abajo y me comentó de sopetón: "Enrique, estás más gordito".

¡Socorro! ¿Qué se puede responder a un comentario como ese? Es una fatalidad. Solo pensé: "¿Y ahora qué hago?" Pero me tranquilicé, razonando: "Con un par de dietas, seguro bajo."

Fui al centro comercial y en una tienda que se especializa en todo tipo de vitaminas y pastillas para ser "Superman" y bajar de peso, pregunté: "Dígame, por favor, ¿cuál es la mejor solución para reducir 5 kilos?".

Una señorita muy amable me contestó: "Mire, las pastillas australianas están de moda, usted las toma antes de comer y le quita el hambre, en sólo una semana perderá esos indeseados 5 kilos. ¿Qué tal? Unas pastillitas y adiós a los problemas. Sólo cuarenta y ocho dólares más impuestos y le sirve por un mes, si no baja nada le devolvemos su dinero".

Cuando llegué a la casa leí la etiqueta. Tuve que buscar la lupa para poder saber lo que decía porque las letras estaban bien pequeñas. Luego de un rato pude identificar lo que indicaba: "Está comprobado que, en el desierto de Australia, el lagarto Ruculum come la planta Surukutinalagrusutu y no engorda nada. Los nativos de la zona empezaron a probar la planta y están todos flacos, a pesar de que viven comiéndose a casi todos los canguros del área".

"Bueno, debe ser una maravilla", pensé.

La tomé por una semana. Engordé unos dos kilos, así que la pastilla no sirvió para nada.

Enojado, fui a devolverla. Cuarenta y cinco minutos de camino al centro comercial. No encontré parqueo, y lo dejé con el valet parking. Eso me costó quince dólares más. Caminé todo el centro comercial hasta llegar a la tienda donde venden de todo para idiotas que quieren tener los músculos de Rambo.

"Señorita, vine a devolver estas pastillas que dicen que son mágicas pero que no me sirvieron para nada".
"Pero señor, no puede ser, usted es el primero al que no le funcionan".
 "Siempre hay un primero", aludí.
"Perdone, pero el gerente ya se retiró y no le puedo devolver su dinero, pero si viene mañana a las diez en punto, él de seguro estará".
"¿Tiene papel y lápiz?", le pregunté. Ella me pasó un lapicero.
Le escribí al gerente: "Métete estas pastillas por donde no te da el sol".

Y me fui.

En el mismo centro comercial vi una tienda árabe. Entré a comprar café, pero entonces unas pastillas llamaron mi atención. La dependienta al notar mi interés me señala:

"¿Usted conoce algún árabe gordo? No, ¿verdad? Pues con esta dieta y estas pastillas, en quince días usted estará más flaco que Alí Babá".
"¿Cuánto cuestan?", pregunté.
"Ochenta y nueve dólares. El frasco viene con la dieta árabe que en quince días le asegura bajar 10 kilos", me aseveró.
"Ok, dámelas".

Llego a casa, abro el paquete, y leí en las letras muy pequeñas: "En las mesetas desérticas de Omán, la planta Abutucatirulagrasitu mantiene a los beduinos sin comer por días".

Excelente. Me tomé dos pastillas con dos vasos de agua. A la semana, seguía igual.

Otras pastillas inservibles.

Voy al gimnasio de la esquina y pienso: "Basta, empiezo hoy. No mañana, hoy". Me acerco a la chica de recepción y le pregunto: "¿Cuánto cuesta por día?"

"Lo siento, amigo. Por día no tenemos nada, pero tenemos programas por año, son sólo treinta y nueve dólares por mes y le incluye todo. Firme acá y puede empezar ahora mismo".

El contrato era muy extenso. Me fijé que eran unas cincuenta páginas de letras muy pequeñas. Pero, cansado, no las leí.

El primer día ahí estaba, el segundo también, el tercero no pude ir, el décimo no fui. Y pasado el mes, me llamaron del gimnasio para decirme que tenía la cuota atrasada.

"Decidí que ya no puedo ir", les comuniqué.
"Entiendo. Bueno, no se olvide que firmó un contrato que son treinta y nueve dólares por mes por tres años".
"¿Y no era por un año?"
"No. Por tres. ¿Acaso no leyó el contrato?"
"La verdad, entendí que era un año solamente. Además, no tengo tiempo para ir".
"Señor, usted firmó un contrato y si no paga, los abogados se hacen cargo y el juicio le saldrá más caro, así que termine de pagar y no se queje".
"¡Ladrones!", grité.
"Mal educado, ya sabrá de nuestros abogados".

Una mañana, depresivo, empecé a hacer zapping en la televisión. En un infomercial un señor en buena forma comentaba: "Yo perdí cien kilos gracias a esta técnica patentada por un médico chino. Hoy estoy como en mi juventud: flaco, saludable y como ven, lleno de mujeres".

"Ahí está la solución", pensé, "bajo de peso con esta dieta y las mujeres llegarán por montones".

"Esta fórmula, es milenaria y usada por los chinos en la época de Fu Manchú. Solo $149.99 dólares y usted obtendrá la dieta, las pastillas, la balanza y las cremas, y si llama en cinco minutos, le regalamos una pinza para apretarse la panza. Le dolerá tanto que ni ganas de comer tendrá. Si no baja nada en treinta días, le devolvemos su dinero y se queda con la pinza".

Bien chiquito, abajo en la pantalla, aclaraba que eso era todo menos gastos de envío.

Otro tipo apareció diciendo: "Yo perdí cien kilos. Estaba gordo y feo, y ahora, estoy todos los días con mi nuevo cuerpo disfrutando en South Beach. Esto cambió mi vida".

Llamé de inmediato.

A la semana recibí una caja con tres paquetes de pastillas, dos cremas, una balanza que funcionaba un día sí y otro tampoco, además de una pinza de muy mala calidad. En dos semanas, no bajé un carajo. Me decidí llamar para quejarme y devolver el producto. Salió una contestadora.

"Para pedidos marque el 1, para retornos marque el 7".

Marqué el 7 y esperé más de cuarenta minutos. Finalmente, en un "buenas tardes", una voz femenina melodiosa me contesta.

"Señorita, no me sirve el sistema, ¿cómo lo retorno para que me devuelvan el dinero?", inquiero.
"¿Cuántas pastillas usó?", me pregunta.
"Casi la mitad, pero la verdad no sirve para un carajo esto", afirmé.
"Mire señor, ponga todo en una caja, y envíela a esta dirección", me indicó.
"Señorita, pero ¿ustedes no la mandan a buscar?", pregunté.
"No. Eso es cosa del cliente. Luego de recibir el paquete, nosotros le devolvemos su dinero en noventa días, después de ver que el paquete llegue en buena forma".

"¡Ah! ¿Y yo tengo que pagar el flete de ida y de vuelta?", exclamé sin poderlo creer.

"Sí, señor", me dijo muy circunspecta.

"Pues dígale al médico chino que su producto es una basura".

Clic.

A esas alturas, las pastillas, las dietas y los gimnasios me tenían podrido. Opté por algo más convencional: desayunar bien, almorzar poco y no cenar. Los primeros días fueron fatales, pero al final mi estómago se acostumbró.

Varias semanas más tarde, salí de nuevo con el bomboncito y al verme me comentó: "Mi amor, te veo demacrado. ¿Qué te pasó?"

MUJERES DE INTERNET

Año 2001. Decidí darme un gusto y me fui a Europa. Hacía diez años que no iba y quería ver los cambios.

Por supuesto, me llevé un par de teléfonos de amigas que había conocido por la web. Sin embargo, la que más llamaba mi atención de todas las mujeres que había contactado a través del internet, era una dama suiza que vivía en la isla de Rodas, en el Mediterráneo griego.

¿Quién no ha soñado con irse a vivir a una isla griega? Y mejor aún, con una mujerona esperándote.

Estando en Madrid, en casa de unos amigos, y tras casi veinticinco días de viaje, me metí en internet y encontré una oferta para volar a Rodas desde Madrid. A pesar de ser muy buena la idea, estaba indeciso. ¿Voy o no? ¿Qué hago?

Precavido, la llamé por teléfono.

Resultó que la suiza tenía una voz muy linda, una mansión en una isla griega y estaba sola. Se daban todas las condiciones para una aventura fabulosa. Cada vez que conversábamos, se me subía la bilirrubina.

Hablamos un poco y cuando le dije que podía ir, se volvió loca, no lo podía creer.

"Enriko, my love, come to me", me dijo.
"Ok, let's confirm again". Y comencé a preguntarle:
"Age?"
"34", respondió.
"Height?"
"165 cm".
"Weight?"
"56 Kg".

Me aseguró que cuando la viera, me iba a enamorar. Insistió en que no tenía fotos de ella y, sobre todo, que no sabía cómo enviarlas a través de la computadora. A pesar de esta gran señal de alarma, compré el pasaje y viajé a conocerla.

"My love, mañana te veo. ¿Me buscas en el aeropuerto de Rodas?", le dije.
"Claro, ahí estaré", me contestó, "Mi casa es tu casa y puede ser nuestro ranchito de amor".

Durante todo el trayecto al encuentro con mi "alma gemela", las dudas me asaltaron: "¿Por qué vive sola esta mujer tan fabulosa?

"¿A qué boludo se le va a ocurrir conocer a una tipa por internet sin ver su foto y venir a una isla a verla?"

De todas formas, ya estaba demasiado encharcado como para devolverme. Miré por la ventanilla del avión. Era de noche y no se podía ver un carajo de la isla desde arriba. Al llegar, me dispuse a esperarla pacientemente y a pensar de manera positiva. Me observé en un espejo que encontré mal colgado en algún lado de la terminal. Estaba bronceado a causa de los días en la costa de Andalucía. Me veía muy guapo.

De repente, una mujer se me acercó caminando como una gacela. Era trigueña, tipo Catherine Zeta-Jones. Crucé la mirada con ella. "¡Dios!, acá estoy reina mía, ya no más festival argentino, no más trabajar como loco en Miami para sobrevivir, no más un carajo, me quedo acá, ¡qué mujer, por favor!", pensé.

La detengo y susurro su nombre esperanzado. La mujer me mira sonriendo como si yo fuera el amor de su vida y me contesta con la voz más sexy que había escuchado: "No, pero me encantaría serlo para ti".

Entre el enamoramiento y la tristeza, me tocaron la espalda. Cuando me giro, una gorda pasada de años, me grita: "¡Enriko!"

Me quedé petrificado.

Me giré de nuevo y pude ver como la mujer que se parecía a Catherine Zeta-Jones iba en busca de una señora que parecía su madre y que había llegado en mi vuelo. No podía ni hablar. Se me cruzó el amor de mi vida, la mujer que siempre soñé, y tenía que quedarme con el esperpento que tenía enfrente.

Juro que intenté escapar, pero mi anfitriona me agarró del brazo con fuerza. Traté de zafarme. Tenía que volver a ver a la beldad que se me había cruzado. Además, no quería que, si la encontraba de nuevo, pensara que estaba casado con la suiza. Sin embargo, la tierra se la había tragado y yo quedaba en manos de una desconocida que no me gustaba para nada. Sin fuerzas y decepcionado, me dejé llevar al parqueo.

Entré al auto sin atreverme a inspeccionar a mi amiga. Pensé en el festival argentino del año siguiente. No, creo que pensé en cómo me largaría a la mañana siguiente lo más rápido posible. La suiza, que se llamaba "Betty", me hablaba constantemente de su rancho, y hacia allá me llevaba por caminos oscuros y densos. Pensé que me secuestraba, que me iba a descuartizar. ¡Qué sé yo! Después de verla, ya pensaba en cualquier cosa.

Llegamos a un terreno inmenso donde se veía una casa grande al fondo.

Ella me pidió que me bajara del carro y abriera el portón de madera. Así lo hice, todavía arrastrando los pies por mi infortunio. Alrededor de ocho perros salieron de la nada y empezaron a perseguirme. Entre ellos, sobresalía un gigantesco dóberman con apariencia más que agresiva. Me tiré de cabeza dentro del auto.

"Ay, perdona, me olvidé de guardar los perros con la emoción de que venías", aludió Betty con una risita de burla. "Igual no hacen nada", me tranquilizó tocándome la pierna.

No sabía que era peor, que ella me pusiera la mano en el diminuto espacio del automóvil o que me mordieran los monstruos caninos. Nervioso, sentí como mis intestinos protestaban.

Cuando entramos a la casa, me presentó a una jovencita de unos veinte años. Me dijo que era su sobrina. No me importaba. Necesitaba ir al baño. Le pregunté dónde estaba y ella me mostró un rincón oscuro y... ¡sin puertas!

"¿Cómo la cierro?", atiné a preguntar boquiabierto.

"Acá no lo cerramos. Igual, nadie te va a mirar", aclaró Betty, como si fuera lo más normal del mundo cagar sin puertas.

"¡Dios! ¿Qué te hice? Primero me mandas a la mujer de mi vida, para luego dejarme con las ganas". Miré al cielo en un diálogo descorazonador con el amo del universo.

Solo se me ocurrió decirle a ella: "Vamos, que te invito a un restaurante griego".

"No, estarás cansado. Mejor, mañana".

"¡No, ahora!"

"No, que te quiero cocinar, mi amor".

"¡Qué amor ni qué amor!", pensé, "¡Quiero ir a un baño!"

La convencí. Me imaginé con la cara azulada de aguantar las tripas mientras soltaba mi discurso con todas las razones por las cuales era acertado salir a cenar a la calle.

Cuando abrimos la puerta, el dóberman estaba ahí parado, observándome fijamente.

"Que no te hace nada", me repite Betty.

Me metí rápidamente al auto. El trasero como un nudo.

En el trayecto, Betty no paraba de hablar, mientras yo sufría por dentro.

Cuando llegamos a un lugar turístico, me mostró un restaurante italiano. Le dije que paráramos en ese. Ella me contradijo.

"¿No me dijiste que quería griego?", preguntó.
"Sí, sí, pero mañana", contesté apurado.

Cuando nos desmontamos, sin disimular, corrí al baño.

Ya aliviado, me fijé con más detenimiento en Betty. El lugar estaba muy iluminado, así que pude verla mejor. A estas alturas, ya no le quería preguntar ni la edad, ni el peso, ni nada, solo quería que terminara el día para escapar.

Betty tenía hoyos en la cara, era regordeta y le calculé unos sesenta años. No era ni por asomo como se había descrito en nuestras conversaciones telefónicas. Me consolé pensando que solo tenía que sobrevivir una noche. No me quedaba otra opción.

Volvimos a la casa. Otra vez los perros, que me observaban recelosos.

Entonces, la pregunta que había rondado en mi cabeza toda la velada se me escapó.

"¿En qué cama duermo?"
"Conmigo, mi amor", me contestó coqueta.
Le dije que era religioso y que no podíamos hacer nada por respeto a mis creencias.
"Si es así, tú te lo pierdes", expresó.

Al rato, ya acostado, mientras yo apretaba los ojos fingiendo dormir con desmesurado empeño, ella se paró a mi lado. Abrí los ojos pensando en descubrirla con un cuchillo de carnicero. Era peor. Estaba vestida con una tanga diminuta que resaltaba sus rollos de la cintura y la barriga.

Betty se acostó a mi lado.

"Mira que estoy abierta a toda hora para ti", me dice.
"Me imagino", pensé, "Para mí, para el vecino y para el perro, pero la verdad, ni el lugar, ni la isla, ni nada dan para un sacrificio de esta magnitud".
"Hasta mañana", le respondí y me giré hacia el otro lado.

El dóberman durmió a mis pies.

Al otro día, cuando el sol se asomó y mientras yo me espabilaba, ya ella no estaba en la cama. Escuché los cacareos del gallo, los ladridos del perro y otros ruidos raros. ¿Quién sabe? ¿Tal vez de algún secuestrado en el sótano? Ya no pude dormir más. Me levanté y fui a buscar señales de vida. Betty estaba despierta, caminando en la cocina. La luz del día no le favorecía mucho.

"¿Hay algo para hacer acá?", pregunté.
"Sí, la playa y el centro", contestó.
"Vamos al centro", le dije.
"Ok", fue lo único que respondió. Parecía enojada.

Parado como un guardia, ahí estaba otra vez el enorme dóberman. Me empezaba a caer simpático el perro. Unos minutos más tarde salimos.

En el puerto vi un cartel: "Marmaris, Turquía, salida en unos minutos".

¡Bingo!

Le dije de repente: "Voy a visitar a mis primos".

"¿Cómo, pero no quieres ver Rodas?", expresó extrañada.
"Otro día. ¿Me vienes a buscar mañana?"
"Ok", acotó monosilábica.

Me largué a Turquía. Al otro día, ella vino a buscarme. Fui a recoger mis cosas a su casa y me llevó al aeropuerto.

"¿Cuándo vuelves, mi amor?", preguntó.
"En unos meses estoy de vuelta y me quedo un tiempo, esta vez será para conocerte mejor".

Mentí.

Betty me siguió hasta que subí al avión, esperando un cambio en mi actitud. No se le dio. Cuando llegué a Madrid, revisé mis correos electrónicos. Había uno de Rumania.

"Mi amor, sé que estás en Europa, ¿cuándo vienes?", leí.
"Cuando resucite Drácula", escribí a toda prisa.

EL ZORRO ARGENTINO

Más adelante, en enero del 2004, tenía una colección de correos electrónicos de mujeres de todas partes del mundo, incluyendo lugares tan lejanos como Tasmania.

Un día, me escribió una chica argentina que vivía en Key West y como estaba cerca de donde residía en Miami, lo consideré. Era obvio que no había aprendido la lección.

Para ese tiempo, ya me había vuelto un poco más desconfiado de conocer gente por internet, así que le expresé que si no se parecía a Catherine Zeta-Jones, mejor que ni me volviera a escribir. Pero ella me aseguró que era igualita a la actriz, aunque no tenía escáner ni foto para enviarme. Hablamos por teléfono un par de días y me convenció de que fuera para allá.

"Ven para acá que en este pueblo no hay hombres. Tienes lugar en la otra habitación de mi casa, dale, vente...", me dijo.
"Mira que ya estoy cansado de versos por internet, todas dicen que se parecen a supermodelos o artistas y después te encuentras con una sorpresa", aludí siendo muy honesto.
"Pues ayer fui al mercado y el bodeguero me dijo que era idéntica a Catherine Zeta-Jones. Es más, los turistas me confunden con ella", afirmó.

Convencido de que pudiera ser parecida a mi amor platónico, me fui a Key West.

El viaje de tres horas y media fue realmente tedioso. Había mucho tráfico y apenas tenías unos segundos para adelantar autos, y siempre te encontrabas con algún turista que miraba hacia los costados, obligándote a seguir detrás de él por millas y millas. Decidí no hacer ninguna parada en el camino y seguir recto hasta el lugar de nuestro encuentro.

"Corazón, te la jugaste, qué lindo, la vamos a pasar bárbaro", comentó por teléfono.

Me sentía como "El Zorro", en el filme en el que Antonio Banderas se enamora de Catherine Zeta-Jones, una mujer codiciada en todo el mundo. Seguro yo estaba entre los primeros que esperaba que se separara de Michael Douglas. Durante las horas de viaje a Key West, me imaginaba cómo la argentina y yo nos abrazaríamos, como si ya nos conociéramos de otra vida. En fin, me fabriqué toda una película.

Cuando llegué, estacioné la camioneta, y me quité los anteojos. A unos veinte metros, apareció ella. Con el pelo largo y negro, noté que su figura estaba un poco más redondeada.

Cuando se acercó, la vi bien. Era Catherine Zeta-Jones, pero con diez años y 15 kilos de más. ¡Igualita! (incluye sarcasmo), pero con algunos detalles extras.

Ella se subió a la camioneta para ayudarme a estacionarla.

"¿Qué crees? ¿No me parezco a Zeta-Jones?", me preguntó.
"Sí, claro, eres igualita. La gente debe confundirte con ella muy a menudo", contesté (por supuesto, sarcásticamente).
"Todo el mundo me dice lo mismo", comentó animada. De verdad se lo creía.

En ese momento, estaba pensando en escaparme a un hotel, pero después de las tres horas y media de viaje, mis ojos me ardían y estaba agotado.

"Vamos a pasar un buen rato", susurró ella.
"Sí, claro. Oye, ¿no te parece mejor que vaya a un hotel? Soy un poco tímido y me siento algo incómodo sin conocerte...", le dije.
"Oh, no seas así. Después de hablar tanto, es como si nos conociéramos desde hace tiempo. Siéntete como en casa", insistió.

Yo cargaba con una enorme maleta, como si estuviera listo para tres días de actividades diurnas y nocturnas. Del estacionamiento a la entrada de la casa había unos doscientos metros. Entramos y había velas por todas partes. Parecía que nunca había pasado un hombre por allí y, seguramente, estaba rezando a algún santo para que me trajera a mí. Quería saber quién era ese santo para maldecirlo.

"Mira que te preparé un pollo especial", añadió ella mientras se movía por la cocina.

Los trozos de pollo, del plato cocinado especialmente para mi visita, estaban completamente quemados y desprendían un olor de condimento bastante peculiar.

"¿Qué ingredientes tiene?", pregunté curioso.
"Es una fórmula muy especial, le dicen el pollo del amor", respondió ella con una sonrisa misteriosa.
Entonces pensé para mis adentros: "¡Qué barbaridad! Esta mujer intenta embrujarme con algo."

Agarré un trozo pequeño y ella insistió en que tomara más.

"Estoy a dieta", le respondí.
"Pero mi amor, esto no engorda".

Cuando me llamó "mi amor", empecé a desconfiar aún más del pollo. Le quité la piel y, como no tenía ningún sabor, comencé a pensar que podría ser cerdo disfrazado y yo ni siquiera me había dado cuenta.

"Está delicioso, pero le falta sal, ¿no crees?", comenté.
"Es que yo como todo sin sal, solo con hierbas, para mantenerme en peso, ¿ves?", explicó.
"Sí, ya veo", murmuré para mis adentros.

Terminamos de cenar y sugerí salir a pasear.

"¿No sería mejor que nos quedemos aquí? Seguro que estás cansado", alegó.

Eran las 9:30 PM y, para mí, la noche apenas comenzaba.

"Vamos a ver un poco de televisión y tomamos unas copitas", propuso ella.
"Está bien, deja que me cambie primero", acepté. Me puse un short y una camiseta, y regresé al living.

Un rato después, ella apareció con un camisón semitransparente.

"¿Tienes tatuajes?", preguntó de repente.

"No, no me gustan".

"Yo tengo dos, mira este", me mostró uno cerca del culo, señal de que ya estaba por atacar, y otro al lado del ombligo. "Dime, ¿cómo te parezco yo? ¿No soy igual a lo que pensabas?", interrogó con cierta inseguridad.

"Sí, igualita", respondí, tratando de ser cortés.

"¿Y entonces, piensas en tener algo serio conmigo?" Y me miró, expectante.

Lo que realmente estaba pensando era en cómo escaparme, pero ya casi eran las 11 de la noche y estaba cansado. Me sentía atrapado.

"Mira, soy alguien que lleva las cosas con calma en lo que respecta al amor, me gusta ver las cosas desde diferentes perspectivas", aseveré sin saber qué más decir a esa hora.

"Pero estamos aquí, solos y sin que nadie nos moleste", indicó ella con una sonrisa pícara.

A esa altura, esperaba que un milagro ocurriera y el santo al que ella le invocaba, tocase la puerta para decirle que yo era el hombre equivocado, pero sabía que era demasiado pedir un milagro de esa clase.

"Sabes que eres un tipo sexy, ¿no te parece que yo también lo soy?", preguntó con coquetería.

"Sí, claro", respondí pensando con más ahínco en cómo escapar de la situación.

"Me gustan los zorritos como vos", susurró con una mirada insinuante.

"Mira, estoy tan cansado que me quedaré dormido aquí en el sofá", arremetí, tratando de encontrar una excusa para retirarme.

"¿Quiere que te prepare un café?", ofreció.

"No, ya es tarde y después no podré dormir".

"Pero ¿qué te pasó?", preguntó preocupada. En ese momento, decidí cambiar de tema.

"Tengo problemas de presión alta, cardíacos, estrés, y si no duermo bien, puedo tener un ataque. ¿Está cerca el hospital?", inventé.

Ella me miró con lástima. "Bueno, mejor que duermas y lo hablamos mañana".

Suspiré aliviado.

Sin embargo, no dormí en toda la noche. Estaba ansioso esperando una indeseada arremetida por parte de la entusiasta dama.

Cuando me levanté a las 7 de la mañana, la vi tomando café, estaba sin maquillaje y, con más luz, pude observarla mejor. Definitivamente no se parecía a Catherine Zeta-Jones, pero sí lucía muy enojada.

"¿Dormiste bien?", pregunté, intentando ser cortés.

"Sí, ¿y tú?", respondió sarcásticamente.

"Sí, soñé con angelitos", expresé.

"Mejor que yo, que no dormí", señaló ella.

"¿Por qué no dormiste?"

"Porque me parece que esta relación no va a funcionar, y que eres un mentiroso", me soltó, desatando su furia.

Decidí que ya era hora de irme. Agarré mi enorme maleta y me despedí.

"Chau, preciosa. Ha sido un placer conocerte, pero creo que estamos en polos opuestos. Es mejor ser amigos telefónicos".

"Eso no me va, hijo de puta", dijo ella, y comenzó a insultarme. Guardé silencio y me dirigí hacia la puerta. Quería alejarme rápido, aunque no sabía bien por qué.

Me llevó tres horas volver a casa. Cuando llegué, encendí la computadora y encontré un nuevo correo electrónico.

"Enrique, me encantan tus editoriales. Me llamo Mariela, vivo cerca de Tampa y todos dicen que soy igual a Catherine Zeta-Jones".

Enseguida contesté: "Si pasas por mi casa en Miami, avísame. Así bajo a saludarte".

CITA A CIEGAS CON LA ACTRIZ

Un día me llamó una amiga, "Elena", de esas que siempre te ven como el eterno soltero.

"¡Enriii, tengo una amiga increíble para vos...!", me dijo.

Esta misma amiga ya me había presentado a la hermana del jorobado de Notre Dame, y juré que nunca más aceptaría sus recomendaciones, pero me agarró desprevenido.

"¿Cómo se ve tu amiga, querida?", le pregunté.

"Te juro que es un bombón, cuando la conozcas, te vas a volver loco."

La verdad es que no le creía mucho, pero como no tenía nada mejor que hacer, acepté.

Quedamos en encontrarnos en un café en Lincoln Road. Esperé unos veinte minutos, y comencé a pensar en incluir a mi amiga en mis oraciones. Finalmente, la veo venir entre la multitud, media hora más tarde de lo acordado. A su lado, una mujer espectacular de esas que solo encuentras en tus sueños y, justo cuando crees que lo tienes todo bajo control, suena el despertador...

"Hola, ¿cómo estás?". Elena me besa en la mejilla.

"Bien, bien...", respondo.

"Enri, te presento a mi amiga Samantha".

"Hola Enri", me saluda Samantha con una voz que me dejó paralizado.

"Hola preciosa, ¿cómo estás?", le dije con tono encantador, respondiéndole al saludo.

"Bien ¿y tú?"

"¿También eres argentina?", pregunto.

"Sí, pero soy actriz y modelo, viajo por todo el mundo y apenas estoy en Argentina", respondió Samantha.

"Ah, ¿y te quedas en Miami ahora?", indago.

"Sí, por unas semanas de vacaciones, luego me voy a París".

Estaba tan nervioso como un gato en una pista de baile. Entonces Elena nos interrumpe.

"¿Qué te parece mi amiga?", pregunta.

"Bien, muy agradable", contesté sonriendo.

"¿Viste que no te mentí?"

"No, nunca creí eso".

"¿Cómo qué no? ¡Me dijiste que seguro te iba a presentar a una mujer fea! ¿Viste qué minón te traje?", argumentó mi amiga riendo a carcajadas.

"Y tú, Samantha, ¿dónde te estás quedando?", le pregunto al "minón", tratando de desviar la conversación hacia la mujer que me interesaba en ese momento.
"Pero Enri, no me has contestado qué te parece", insiste Elena.

Gruñí mentalmente.

"Pero me lo tienes que decir, por algo la traje. Convencerla para que viniera me costó mucho", alega mi amiga.
"Bueno, me parece que es espectacular, muy linda y agradable", respondo finalmente.
"Así me gusta, porque si no, no te presento a nadie más". Miró a Samantha. "A Enrique lo conozco desde hace tiempo. Le gustan las chicas tipo modelos, por eso cada vez que le presentó alguna amiga, tengo que preguntarle veinte veces si está bien".
"Enrique, a mí me encantan los productores. Tuve un novio que producía películas", interviene Samantha.
"Ah, qué bien. ¿Qué tipo de películas?", pregunto.
"Porno."
"¡Ah!"

Creo que me quedé sin aire en ese instante.

"Sí, me cansé de él porque en una de sus películas, me hizo estar con un tipo que pues, me dolió mucho…", comenta ella.

"Y, disculpa… ¿qué hacías en la película?"
"Era la actriz principal".
"Ya. ¿Y qué pasó? ¿Te pegaba el tipo?"
"No, tonto. Imagínatelo".

A esa altura, ya no me quería imaginar nada.

"¿Algún otro trabajo de actriz, Samantha?", pregunté.
"Sí, estuve en la película La Culebra. Mira mi tatuaje".

Me muestra un tatuaje de una enorme serpiente ubicado en sus nalgas. Aquello pudo haber impactado a otro, pero en ese momento, sentí un cubo de agua helada.

"¿Algún premio por tus películas, Samantha?", indagué.
"Bueno, sí. Recibí El Cachito de Oro, por la coproducción hispano-mexicana La Tragasables".
"¿Y qué rol tenías ahí?"
"El principal, la tragasables".
"Ah, bien. Eras la artista de cabecera".
"Si, tuve un buen papel. Y también, problemas con mi novio, el productor".
"¿Por qué?"
"Porque me enamoré del actor principal".

"Ah. ¿Quién?"

"Bueno, le decían el Sable, pero se llamaba Rodrigo. Fue un amor fugaz. Al final me reencontré con el productor, José, que me prometió el papel principal en la película Garganta Bastante Ancha, pero me quedó un gran recuerdo de él".

Se levantó el vestido y me muestra otro tatuaje. Esta vez de un sable.

"Acá está Rodrigo. Siempre lo tengo cerca de mí".

De repente, suena su celular y Samantha nos dice: "Chicos, me tengo que ir. Hay un productor que me quiere conocer para su próxima película. Puede que me salga otro papel. Enrique, anota mi número. Así cenamos uno de estos días".

"No hay problema, se lo pido a Elena", aseguré.

Cuando Samantha se marchó, volvió Elena con la misma pregunta: "Y, Enri, ¿qué te pareció mi amiga? ¿Viste que minón?"

Ni le respondí.

"Mozo, rápido, la cuenta."

LA MUJER DEL BENTLEY

Hace unos años, cuando lo perdí todo y estaba en la quiebra, me presentaron a una mujer. Era hermosa, y aunque yo estaba en una situación financiera precaria, aún tenía un buen auto y siempre vestía con lo mejor.

Fui a buscarla a su apartamento en Williams Island, Miami, un lugar de ultra lujo. Su departamento tenía quinientos metros cuadrados, lo había comprado por 3 millones de dólares y gastó 1.5 millones más en decorarlo. También tenía un Bentley.

Salimos un par de días y todo fue genial. Estaba encantada conmigo. Hasta que me pidió que la acompañara a una fiesta en un barco y, además, que llevara un cheque de cinco mil dólares para donar. Le confesé que estaba arruinado, que no tenía ni para la gasolina del auto y esperaba que me entendiera. Le expliqué que siempre había estado bien, pero que lo había perdido todo y era posible que me sacaran de mi casa en cualquier momento.

Por un muy largo tiempo no volvió a llamar. Me había dicho que había vendido una compañía y tenía treinta y cinco millones de dólares. No le importó mi situación ni echarme una mano. Me ignoró por completo.

Al pasar los años, me contactó para ver cómo estaba. No quise darle mucha importancia, pero siguió llamándome y escribiéndome. Le repetía que me había recuperado y que estaba bien.

Hace poco, me llamó desesperada porque le habían embargado su departamento, su auto y habían puesto todas sus pertenencias en un depósito que no podía pagar. Se gastó todo en tonterías y no pagó impuestos. Me dijo que nunca volvería a ser feliz.

Le dije que aceptara lo poco que le quedaba y estuviera satisfecha con eso. Le recordé que cuando pudo ser feliz conmigo, prefirió lo temporal. A veces, las decisiones que tomamos en momentos de abundancia nos alcanzan en tiempos de necesidad. En su caso, no solo perdió su riqueza material, sino también la oportunidad de construir algo real y duradero… quizás conmigo.

Supe por algunos amigos en común que ahora duerme en una habitación de mala muerte.

LA REGRESIÓN

En un período de mi vida en Miami, una amiga que trabajaba en el Miami Grand Prix, "Carolina", me sugirió explorar las regresiones a vidas pasadas. Me recomendó leer los libros de Brian Weiss, y pronto me sumergí en su obra Muchas vidas, muchos sabios. Fascinado por sus relatos y técnicas para sanar a través de regresiones, me animé a probarlo yo mismo.

Carolina me guio en mi primera regresión en su casa, una antigua construcción colonial de los años 1930-40 en el noroeste de Miami. Me relajé en un sofá mientras ella me instruía cerrar los ojos y concentrarme.

De repente, me encontré en otro lugar y tiempo, corriendo a caballo con una tropa siguiéndome. Me sentía como un líder, algo que resonó profundamente con mi carácter en esta vida. La experiencia se intensificó al llegar a un castillo donde vi a una mujer de cabello oscuro gritando, como si estuviera secuestrada. En ese momento, una flecha me alcanzó en el cuello y desperté bruscamente.

Carolina me ayudó a comprender que mi preferencia por mujeres de pelo oscuro podía tener raíces en esa vida pasada. Sin embargo, las secuelas de la experiencia fueron inesperadas.

Días después de la regresión, comencé a toser sangre. Visité varios médicos, pero ninguno encontró la causa. Una tarde, mientras tomaba unos tragos en un bar en Brickell, me encontré con dos mexicanas que notaron algo extraño en mis ojos. Una de ellas, experta en regresiones, me explicó que podría haber traído algo no deseado de mi vida pasada y que necesitaba regresar para "sacar la flecha".

Nuevamente, bajo la guía de mi amiga Carolina, regresé al mismo momento en mi visión. Esta vez, rompí y saqué la flecha del cuello, siguiendo las instrucciones de la mexicana. Al despertar, mi malestar cesó. Aunque la tos no desapareció por completo, ya no era sanguinolenta. Y así ha seguido hasta ahora.

Esta experiencia me enseñó la potencia y el peligro de las regresiones si no se manejan adecuadamente. Además, aprendí que las regresiones no deben tomarse a la ligera y que es mejor abordarlas con un propósito claro y no solo por curiosidad.

Mi predilección por las mujeres de cabello oscuro persiste. A lo largo de los años, he conocido mujeres que me recordaban a aquella figura de mi regresión. Cada vez que una relación con una mujer de estas características termina, me resulta extremadamente difícil encontrar otra pareja que me atraiga tanto.

CAPÍTULO IV

Mi vida loca ahora

DESDE LA NOVIA DEL ATLÁNTICO

En el 2009 fui a Sosúa, conocida como la ciudad de la diversión en República Dominicana, y la verdad es que me encantó. Hoy en día, Sosúa no es lo mismo. La encuentro muy deteriorada. En aquel entonces, yo estaba solo y con poco dinero, pero me encontré en un lugar que me recibió muy bien. Conocí a muchas personas y la verdad es que fue un año divertido. Trabajé en un periódico durante unos seis meses, ayudando al dueño a organizar la empresa. En el último momento, el dueño conoció a una mujer que le cayó bien y decidió que ella se encargara de organizar la fiesta de presentación que yo había estado planificando. No sé qué pasó, pero todo fue un desastre. No aparecieron ni la comida ni las bebidas, y la mujer le sacó bastante dinero. Después de ese incidente, mi relación con el americano que me había dado el trabajo no era agradable, así que decidí irme de Sosúa si tenía la oportunidad, al menos por un tiempo.

Me ofrecieron un negocio en Las Vegas y llegué en agosto a dicha ciudad bajo un calor abrasador. Ya allí, me di cuenta de que el "negocio" tomaría un buen tiempo para armarse y que yo no contaba ni con la paciencia para esperar, ni con el dinero para invertir.

Luego de varios días, el primero de septiembre, fin de semana del Día del Trabajador en Estados Unidos, me di cuenta de que no tenía la suma requerida para volver a la República Dominicana donde residía.

Como ya estaba escribiendo sobre autos para un par de pequeños periódicos, contacté a uno de los relacionadores públicos de una marca reconocida y le dije que quería hacer una prueba de manejo desde Las Vegas hasta Miami. Me dijeron que no había problema, pero que debía ir a buscar el vehículo a Los Ángeles.

Con el poco dinero que me quedaba, tomé un autobús hasta Los Ángeles, recogí el carro y conduje durante once días hasta llegar a Miami. Paré en varios lugares, y recuerdo que en Oklahoma hacía también un calor espantoso. Incluso vi un tornado y tuvimos que refugiarnos en un hotel. El temporal me pasó muy de cerca. Fue una experiencia increíble.

Cuando, finalmente llegué a Miami, unos amigos me recibieron con los brazos abiertos. Me alojaron en su casa que era bastante grande.

Empecé a buscar oportunidades en internet y, como ya estaba

escribiendo sobre vehículos, seguí enviando artículos a varios sitios. Coincidió que venía el Auto Show de Miami, así que fui y hablé con un relacionista público que me ofreció pagarme por escribir sobre el evento. Ahí comenzó mi negocio de cobrar a las compañías de carros por mis artículos.

Me enfoqué en esta labor y desde República Dominicana lancé mi página web. Empecé a escribir artículos y a recibir invitaciones para eventos de automóviles, cobrando por algunos de ellos y vendiendo publicidad. Así, retomé parcialmente lo que hacía en los años 80 con Automundo, viajando y escribiendo sobre carros para varias compañías.

Poco a poco, asentado en Puerto Plata, conocida como la Novia del Atlántico, una ciudad costera dominicana, empecé a vender publicidad y algunos clientes incluso me pagaban por adelantado. Tuve la suerte de comprar un departamento, aprovechando la oportunidad de un hombre que necesitaba deshacerse del inmueble rápidamente. Con el tiempo, también compré varios departamentos más, los cuales me las ingeniaba para remodelar y luego los vendía para adquirir otros. Eventualmente, conseguí una casa.

Con la llegada de la pandemia, las compañías automotrices

comenzaron a invitar menos a los periodistas tradicionales y más a los influencers, para dar publicidad a sus marcas de carros. Nunca me he considerado un influencer, prefiero mantenerme privado. Aun así, sigo siendo aliado de algunas empresas y me va bastante bien. Por otro lado, tengo un sitio web de viajes que está funcionando adecuadamente. Mi trabajo consiste en vender anuncios y contenido. El resto de mi tiempo transcurre en viajar con frecuencia.

Vivir en República Dominicana me encanta; es como un paraíso comparado con Miami que, en los años 80, era la ciudad más linda del mundo para mí. Sin embargo, con el tiempo, como ya dije antes, Miami perdió su atractivo debido al tráfico caótico, los nuevos inquilinos y los altos costos.

UN HOMBRE, MUCHOS CAMINOS

Este es quien soy en los últimos años, el hombre forjado de tanto transitar y rodar por caminos distintos:

- Ya a estas alturas no me interesa participar en mil actividades diferentes. Prefiero la tranquilidad de mi casa o viajar a destinos lejanos y exóticos.
- Hace unos años me propuse conocer setenta países. Ya van sesenta y uno. He conocido lugares increíbles como Sidney, Dubai, Tel Aviv, París, Madrid y el sur de España, especialmente Málaga. Me fascinó Tailandia, en particular Phuket y Pattaya. También disfruté de Singapur y Kuala Lumpur, pero Tailandia se destacó para mí en el sudeste asiático. Hong Kong y Macao, con sus espectaculares casinos, también fueron experiencias memorables.
- Disfruto lo que trae cada día. La vida es impredecible, y eso es lo emocionante.
- A veces me olvido de la música, de los conciertos y festivales que organicé y que tanto disfrutaron otros. Me quedo con los años de trabajo y esfuerzo.
- A lo largo de mi vida he pasado por muchas etapas, cada una con sus propios retos. He sido mi propio jefe y por esta razón he enfrentado duras pruebas.

- Mantengo que mis únicos y verdaderos héroes son mis padres. Ni los cantantes ni los jugadores de fútbol son íconos para mí, aunque reconozco el talento de Messi, Maradona, y otros. Incluso en mi época de practicar karate, admiraba a Bruce Lee, pero no llegué a considerarlo un modelo. No tengo ídolos. He seguido mi propio camino.

- Cuando alcanzas el éxito, aparecen los rivales. Es inevitable: en la cima siempre habrá quienes quieran derribarte. Me pasó en el mundo del automovilismo, en los festivales, y en los conciertos.

- Nunca he sido de aquellos que buscan perjudicar a otros. Al contrario, he alabado a muchas personas por su éxito, como el dueño de un restaurante en Miami Beach que abrió sin nada y se convirtió en uno de los más famosos. La gente que ha trabajado arduamente y se ha enfocado en lo suyo merece reconocimiento.

- Yo siempre me concentré en mis proyectos, pero constantemente tuve opositores. Eso es algo inevitable, especialmente en el mercado hispano en los Estados Unidos, donde hay mucha competencia y envidia.

- Creo en buscar la felicidad. No se trata solo de hacerse millonario, sino de vivir una vida plena y distinta. La verdadera riqueza no se mide en dinero o en posesiones.

- He conocido personas que creen en Dios y otras que no. Yo nunca he sido un gran creyente, y me cuestiono si realmente hay un dios. El universo es tan vasto y lleno de dimensiones desconocidas que es difícil saberlo con certeza.
- En el Caribe, la gente no tiene maldad y está enfocada en lo suyo. Conozco Cuba, Puerto Rico, y ahora vivo en República Dominicana. Las personas en Quisqueya viven con lo que tienen, y apoyo dicha filosofía, la de seguir adelante, aceptando los altibajos. Cuando uno pierde todo, hay que empezar de nuevo. La vida es un tobogán, y hay que saber aceptar las caídas para no deprimirse.
- He tenido mis momentos de depresión y detractores, pero siempre hubo alguien que me ayudó a seguir adelante.
- No importa cuántas adversidades enfrentemos, siempre debemos mantenernos fieles a nosotros mismos.
- La vida es una serie de triunfos y fracasos, pero lo que realmente cuenta es cómo navegamos por los momentos difíciles y qué aprendemos de ellos. He tenido la suerte de experimentar tanto las alegrías como las penas, y cada una de esas experiencias ha moldeado la persona que soy hoy.
- He descubierto que la verdadera satisfacción proviene de seguir nuestro propio camino, sin dejarnos influir por las opiniones y expectativas de los demás.

Al final del día, lo que queda es nuestra propia historia. Espero que la mía inspire a otros a vivir sus vidas con arrojo.

EPÍLOGO

Creo que en la vida uno siempre debe tener proyectos.

He visto a mis amigos de la adolescencia, que aún viven en Argentina, quedarse en el mismo lugar, sin querer emprender nada nuevo, ni siquiera unas vacaciones. No critico sus decisiones porque cada cual elige su camino, pero siempre he sido una persona de proyectos. Constantemente, le aconsejo lo mismo a mis amigos: tengan metas que los motiven.

Desde que era pequeño, siempre tuve un sueño o una meta por alcanzar. Recuerdo cuando me senté en Miami y escribí lo siguiente: "Todo hombre debe arriesgarlo todo al menos una vez en la vida para alcanzar el triunfo o contemplar el paso de los triunfadores." Yo arriesgué todo para intentar triunfar. En algunos casos lo logré, en otros no, pero lo intenté.

Terminar este libro fue un proyecto importante. Ahora tengo otro gran proyecto en mente que he soñado durante muchos años: hacer el recorrido desde Alaska, hasta Argentina. Este deseo, aunque ha sido difícil de realizar por diversas razones, sigue siendo una meta firme en mi cabeza. El viaje en sí es sencillo hasta Alaska, pero el verdadero desafío comienza en la frontera con México, atravesando la selva del Darién, y bajando por Sudamérica. Es un proyecto que deseo llevar a cabo y lo veo cada vez más cerca de hacerse realidad.

Conocí a un hombre de 92 años que seguía trabajando y su proyecto era vivir hasta los 100 años. La vida se trata de eso: de tener objetivos y metas que nos impulsen.

Siempre hay aventuras por realizar, y esa es la clave para vivir una vida plena y sin depresión. Incluso si llego a los 85 o 90 años, quiero poder decir que hice lo que quise y viví plenamente. Así es como pienso seguir adelante, buscando siempre un nuevo proyecto que me motive y me mantenga vivo y feliz.

Enrique Alberto Kogan nació en Buenos Aires, Argentina, un 7 de enero, en el seno de una familia de clase media. A los 6 años, su padre lo llevaba a ver carreras de autos, sembrando en él una fascinación que definiría gran parte de su vida profesional. Desde esa temprana edad, sus días estuvieron marcados por una pasión insaciable por los automóviles y un espíritu aventurero que lo llevaría a recorrer el mundo. Fue ese espíritu inquieto el que lo situó en Miami a finales de 1981.

Al año siguiente, fundaría su primera revista, Automundo, la cual se publica aún hoy en día y que selló el inicio de una carrera prolífica y exitosa en el mundo editorial, con varias revistas y periódicos, entre ellos Automundo Puerto Rico, La Playa, Ritmo de la Noche, La Prensa de Miami Beach y Conexión Argentina. También organizó eventos de gran magnitud como el Festival Argentino en Miami por siete años, el Auto Show de Autos Exóticos y Deportivos, y el Festival de Rock Latino por cinco años, también en Miami. A lo largo de su carrera, recibió cuatro llaves de distintas ciudades, seis proclamaciones y numerosas distinciones, y ha estado en compañía de poderosos y celebridades.

Su influencia en la industria automotriz y en la comunidad hispana en Estados Unidos se consolidó con la creación de purosautos.com, el sitio de autos número uno del mercado hispano, y purosviajes.com, un popular sitio de viajes.

Como un viajero incansable y a la publicación de esta obra, Enrique Kogan ha visitado 61 países, siempre en busca de nuevas experiencias y culturas. Es un hombre de proyectos y desafíos que a lo largo de su vida, ha demostrado, una y otra vez, su capacidad para transformar ideas en realidades exitosas. Su historia es un testimonio de perseverancia, innovación y pasión por la vida.

"Toda una vida loca", es su primer libro.